선생님,
기후 위기가
뭐
예
요?

선생님, 기후 위기가 뭐예요?

제1판 제1쇄 발행일 2020년 6월 25일
제1판 제12쇄 발행일 2025년 7월 17일

기획 | 책도둑(김민호, 박정훈, 박정식)
글 | 최원형
그림 | 김규정
디자인 | 이안디자인
펴낸이 | 김은지
펴낸곳 | 철수와영희
주소 | 서울시 마포구 월드컵로 65, 302호(망원동, 양경회관)
전화 | 02-332-0815
전송 | 02-6003-1958
전자우편 | chulsu815@hanmail.net
등록 | 제319-2005-42호
ISBN 979-11-88215-46-1 73300

ⓒ 최원형, 김규정 2020

* 이 책에 실린 내용 일부나 전부를 다른 곳에 쓰려면 반드시 저작권자와 철수와영희 모두한테서 동의를 받아야 합니다.
* 잘못된 책은 출판사나 처음 산 곳에서 바꾸어 줍니다.
* 철수와영희 출판사는 '어린이' 철수와 영희, '어른' 철수와 영희에게 도움 되는 책을 펴내기 위해 노력합니다.

어린이제품 안전특별법에 의한 기타 표시사항
제품명 도서 | 제조자명 철수와영희 | 제조국명 한국 | 전화번호 (02)332-0815 | 제조연월 2025년 7월 | 사용연령 8세 이상
주소 04018 서울시 마포구 월드컵로 65, 302호(망원동, 양경회관)
주의사항 종이에 베이거나 긁히지 않도록 조심하세요. 책 모서리가 날카로우니 던지거나 떨어뜨리지 마세요.

선생님, 기후 위기가 뭐예요?

글 최원형 | 그림 김규정

철수와영희

머리말

기후 변화가 아니라 기후 위기예요

추운 겨울이 끝날 즈음 나뭇가지에 꽃눈이 돋기 시작합니다. 노란 산수유꽃이 피기 시작하더니 우윳빛 목련꽃이 피고요. 사람들은 봄이 왔다고 좋아합니다. 왜 봄을 좋아할까요? 꽃 잔치가 벌어지니 아름다워서 좋은 걸까요? 추운 겨울보다는 따뜻한 봄이 좋긴 하지요. 옛날 사람들도 봄을 반겼을 거예요. 우리가 봄을 반기는 것과는 다른 이유로요. 궁핍한 겨우내 곯는 배를 움켜쥐며 버티고 버텨 보리를 어서 수확할 날을 기다렸을 테니까요. 여러분은 보릿고개라는 말을 들어 본 적이 없지요? 사실 저도 보릿고개를 경험해 본 적은 없어요. 옛날 사람들이 얼마나 힘들었을지 상상만 할 뿐입니다. 지금은 슈퍼에 가면 언제나 먹을거리가 가득 차 있어요. 그런데 그 먹을거리들은 어디서 오나요? 공장일까요? 농사를 지어 농산물을 수확해야 비로소 먹을거리를 만들 수 있어요. 농사는 적당한 온도와 적절한 비와 햇빛이 있어야 한다는 건 여러분도 잘 알 거예요. 비가 내려야 할 때 내리지 않고 내리지 않아야 할 때 폭우가 쏟아진다면 농사를 망치고 맙니다. 겨울 날씨가 너무 따뜻해서 그만 봄이 온 줄 알고 꽃을 피웠는데 갑자기 기온이 뚝 떨어지면 꽃은 그대로 얼어 버리고 나무는 그해 열매를 맺지 못합니다. 기온이 너무 높아도 벼가 잘 자라질 못합니다. 이런 게 기후 변화가 가져올 결과들입니다. 최근에는 기후 변화라는 말 대신 기후 위기라는 말을 씁니다. 기후는 우리 삶에, 특히 먹을거리에 큰 영향을 끼칠 수밖에 없는데 그게 위기로 다가오고 있다는 의미예요. 누구든 먹지 않고 살 수는 없으니까요. 기후 위기의 원인은 결코 먼 곳에 있지 않아요. 바로 우리 의식주에서 비롯되거든요. 기후 위기의 원인은 무엇이고 어떻게 하면 이 위기를 극복할 수 있을지, 기후 위기에 관한 여러분의 궁금증을 푸는 데 이 책이 도움이 되었으면 합니다. 조금 더 바란다면 궁금증을 푸는 데서 한발 더 나아가 실천으로 이어지는 데 이 책이 디딤돌 역할을 하면 좋겠습니다.

최원형 드림

머리말 : 기후 변화가 아니라 기후 위기예요 ……… 5

1. 기후 변화가 뭐예요?

1. 기후와 날씨는 어떻게 달라요? ……… 12
2. 기후 변화와 지구 온난화는 같은 뜻이에요? ……… 15
3. 화석 연료는 화석으로 만드나요? ……… 18
4. 산업 혁명 이후 지구 온도는 몇 도나 올랐나요? ……… 21
5. 어떤 나라들이 이산화탄소를 많이 배출하나요? ……… 24
6. 지구가 뜨거워진다는데 왜 겨울은 여전히 춥나요? ……… 27
7. 기후가 변하면 안 되나요? ……… 31

2. 기후 변화 피해에는 어떤 게 있나요?

8. 시리아 아이인 쿠르디는 왜 터키 해안가로 떠밀려 왔나요? ……… 36
9. 산불도 기후 변화 때문에 일어나나요? ……… 39
10. 아프리카 사람들은 왜 굶주리나요? ……… 42
11. 사막화가 뭐예요? ……… 45
12. 태풍이 왜 점점 강력해지나요? ……… 47
13. 폭염으로 목숨을 잃을 수도 있나요? ……… 50
14. 폭우로 도시가 물에 잠기기도 하나요? ……… 53
15. 기후가 변하면 감염병도 자주 발생하나요? ……… 56

3. 기후가 왜 변하나요?

16. 육식을 하면 온실가스가 늘어난다고요? ········ 62
17. 내 멋진 청바지가 탄소를 배출한다고요? ········ 65
18. 왜 스마트폰을 사용하면 기후 변화를 일으켜요? ········ 68
19. 아보카도 먹는 거랑 기후랑 무슨 상관이에요? ········ 71
20. 음식물을 남기는 것도 기후에 영향을 주나요? ········ 74
21. 비행기를 타는 것도 기후 변화와 관계가 있나요? ········ 77
22. 인터넷 쇼핑을 하면 기후 위기에 도움이 되나요? ········ 80

4. 평균 기온이 1.5도 이상 오르면 무슨 일이 생기나요?

23. 기후가 변하면 누가 가장 피해를 입나요? ········ 84
24. 1.5도 이상 오르면 사람도 멸종되나요? ········ 87
25. 기후 변화로 생기는 가장 큰 문제는 뭐예요? ········ 90
26. 해수면이 상승하면 우리나라도 물에 잠기나요? ········ 93
27. 극지방의 빙하가 얼마나 남아 있나요? ········ 96
28. 알래스카가 더워지면 무슨 일이 생기나요? ········ 100
29. 바닷속 산호초가 사라지면 어떤 피해가 생기나요? ········ 103

5. 기후 변화를 막으려면 어떻게 해야 하나요?

- **30.** 전기를 쓰지 않고 원시인처럼 살아야 하나요? ········· 108
- **31.** 소비를 줄이면 기업이 힘들지 않나요? ········· 111
- **32.** 탄소 배출을 줄이려는 나라들은 어떤 노력을 하나요? ········· 113
- **33.** 멸종 저항이 뭐예요? ········· 116
- **34.** 재활용이 기후 위기를 막아 주나요? ········· 119
- **35.** 우리는 기후 변화를 막아 낼 수 있을까요? ········· 122

부록: 에너지 절약 팁 ········· 125

1

기후 변화가 뭐예요?

1. 기후와 날씨는 어떻게 달라요?

"오늘 날씨 왜 이렇게 더워?"라고 하지 "오늘 기후 왜 이렇게 더워?"라고 하지 않아요. 그렇지요? 그럼 오늘 날씨와 어제 날씨는 같나요? 물론 며칠 동안 같을 수도 있어요. 그렇지만 정확히는 달라요. 기온이 같고 '맑음'이어도 어떤 날은 구름이 한 점도 없고 어떤 날은 구름이 조금 있어요. 바람이 불기도 하고 불지 않기도 해요. 이렇게 날마다, 또는 오전과 오후, 낮과 밤 등 시간의 흐름에 따라 시시때때로 달라지는 걸 날씨라고 해요.

학교 끝나고 오늘 학원 안 가도 되는 날이라면 기분이 좋아지잖아요. 그런데 갑자기 엄마가 오늘은 게임하지 말고 공부만 하라고 하면 기분이 나빠지죠? 날씨는 우리 기분과 같은 거예요.

그럼 기후는 뭘까요? 우리나라는 온대 기후에 속해요. 온대 기후

날씨는 비, 구름, 바람, 온도 들로 살펴보는 한 날의 상태이고, 기후는 어떤 곳에 두루 나타나는 날씨예요.
날씨는 우리 기분과 같아서 그때그때 달라지지만, 기후는 우리 성격과 같아서 잘 변하지 않아요.

기후는 사람에게 적용하면 성격이고
날씨는 기분과 같다고 볼 수 있어.

아하!

는 적도를 중심으로 위도 30~60도 사이에서 주로 나타나는 기후예요. 봄, 여름, 가을, 겨울이 있지요. 여름이 되면 비가 많이 내리는 장마가 시작되고, 가을엔 선선하고 건조해져요. 겨울엔 춥고 역시 건조해요. 얼굴과 손에 보습 크림을 바르는 계절이에요. 이게 온대 기후예요.

기후는 사람에게 적용하면 성격이라고 해야 할까요? "우리 아빠는 조용한 성격이고, 엄마는 무척 쾌활한 편이고, 우리 선생님은 차분하고 친절하셔." 이렇게 사람마다 특징이 있지요? 말하자면 기후는 성격과 같은 거예요. 기분은 그때그때 달라지지만 성격은 잘 변하지 않아요. 이제 기후와 날씨에 대해서 확실히 구분할 수 있겠지요?

그렇다면 우리나라 기후는 늘 온대 기후였을까요? 그건 아니에요. 지구도 시간이 흐르면서 환경이 계속 바뀌어 왔어요. 인류가 지구상에 등장한 이래로 네 번의 빙하기가 있었고 세 번의 간빙기(따뜻한 시기)가 있었어요.

마지막 빙하기가 끝나고 간빙기가 시작되면서 우리 인류는 드디어 정착 생활을 하고 농사를 짓기 시작했어요. 기후가 안정되면서 기온이 어떻게 변하는지 알게 되었거든요. 봄에 씨 뿌리고 여름에 가꿔서 가을에 거둬들이고 나면 추운 겨울이 오는 걸 알게 된 거예요.

이렇게 기후는 우리 삶과 매우 밀접하게 연결되어 있어요. 안정된 기후에서 우리 문명이 시작되었지요.

2. 기후 변화와 지구 온난화는 같은 뜻이에요?

아니에요. 기후 변화와 지구 온난화를 섞어 쓰기도 하는데 뜻이 달라요. 기후 변화는 기후가 변한다는 뜻이고, 지구 온난화는 말 그대로 지구가 따뜻해지는 걸 뜻합니다. 지구가 따뜻해져서 기후가 변하니까 원인과 결과의 관계이지요.

그러면 지구는 왜 따뜻해지는 걸까요? 온실가스, 특히 이산화탄소를 많이 배출했기 때문이지요. 이산화탄소를 많이 배출하면 왜 지구가 따뜻해지나요? 지구의 겉죽을 지각이라고 하는데, 지각을 둘러싸고 있는 기체를 대기라고 부르죠.

대기의 구성 성분은 질소, 산소, 아르곤, 이렇게 세 가지 기체가 99.9%를 차지합니다. 이산화탄소는 0.04%밖에 안 돼요. 지구의 대기를 구성하고 있는 적은 양의 기체 가운데 이산화탄소와 수증기, 오존 들이 온실처럼 빛은 받아들이고 열은 내보내지 않아서 지구 표면 온도를 높여요. 이걸 온실 효과라고 합니다.

달과 지구는 태양에서 비슷한 거리에 있지만 달은 대기가 없어서 열을 흡수하지 못해요. 그래서 20세기를 기준으로 봤을 때 지구의

평균 기온이 섭씨 13.9도인데 달은 영하 23도지요.

　사실 대기 중에 이산화탄소가 있기 때문에 우리가 지구에서 살아갈 수 있는 거예요. 다만 대기 중에 이산화탄소가 적당히 있어야 하는데 지금은 너무 많아져서 문제가 된 거지요.

　그럼 왜 많아졌을까요? 이산화탄소가 가장 많이 나오는 곳은 화석 연료입니다. 화석 연료 가운데 석탄이 가장 먼저 쓰이기 시작했고 지금도 여전히 가장 많이 쓰입니다. 뒤이어 석유와 천연가스가 발

기후가 변한다냥.

견되었는데 이들도 모두 화석 연료예요.

어디서 화석 연료를 가장 많이 사용할까요? 이런 질문을 해 보면 어른 아이 할 것 없이 대체로 자동차라고 대답합니다. 주유소에서 자동차에 휘발유를 넣는 모습을 많이 봤기 때문일까요? 실제로 화석 연료가 가장 많이 쓰이는 곳은 전기를 만드는 발전소예요.

18세기 중반부터 영국에서 시작된 산업 혁명으로 석탄 소비가 증가하기 시작했고, 뒤를 이어 석유와 천연가스를 점점 많이 사용하면서 이산화탄소가 대기 중에 많이 쌓이게 되었어요. 특히 1950년 이후로, 또 2000년 이후로 이산화탄소 배출이 급격히 증가했어요. 대기 중에 0.03%를 차지했던 이산화탄소가 지금은 0.04%가 되었거든요.

앞서 기후가 안정되면서 우리 문명이 시작됐다고 했지요? 지금은 우리가 배출한 이산화탄소로 인해 기후가 변하면서 오히려 문명이 사라질 위기에 놓여 있답니다.

3. 화석 연료는 화석으로 만드나요?

화석 하면 뭐가 떠오르나요? 그래요, 공룡 화석, 삼엽충 화석, 암모나이트 화석 등이 떠오르죠. 모두 딱딱한 돌에 새겨져 있어요. 이런 화석은 잘 보존해야지요.

화석 연료의 화석은 한자 그대로 풀이하면 돌처럼 되었다는 뜻입니다. 먼 옛날에 지각 변동으로 땅에 파묻힌 동식물이 오랜 시간이 흐르면서 높은 열과 압력을 받아 돌처럼 굳어서 된 연료를 화석 연료라고 해요. 화석처럼 오랜 시간 땅속에 굳어 있던 돌덩어리를 캐서 연료로 사용하면서 그렇게 부르기 시작했던 거예요. 그 돌덩어리가 바로 석탄입니다.

화석 연료에는 석탄, 석유, 천연가스가 있어요. 이 가운데 가장 먼저 쓰이기 시작한 연료가 석탄이에요.

지층과 화석의 종류로 지구 역사를 구분하는 걸 지질 시대라고 해요. 화석이 나타나지 않는 선캄브리아대를 제외하고 맨 먼저 화석이 등장한 시대를 고생대라 부릅니다.

고생대는 다시 시간적 순서에 따라 여섯 시기로 나뉘는데, 고생대

후기에 석탄기가 있어요. 대략 3억 5,900만 년 전부터 2억 9,900만 년 전까지의 시기입니다.

그 당시 지구에는 거대한 양치식물이 번성했어요. 거대한 고사리들이 숲을 이루고 있다고 상상해 보세요. 그게 석탄기의 모습이 아닐까 싶어요.

이 식물들이 지진 등의 지각 변동으로 땅속에 오랜 시간 묻혀 있으면서 석탄이 되었어요. 우리가 석탄을 꺼내 쓰는 것은 이토록 오래전에 땅속에 있던 식물을 꺼내 쓰는 셈이에요.

석유는 주로 바다에 살던 생물이 죽어서 바닥에 쌓여 만들어져요. 천연가스도 석유와 비슷하게 만들어지지만 기체 상태로 땅속에 저장되어 있다는 게 차이점입니다.

  석탄은 태우고 나면 재가 남아서 그걸 치워야 하는 번거로움이 있는데 석유나 천연가스는 재가 남지 않아요. 자동차나 비행기를 타고 가다가 재를 치워야 한다면 얼마나 번거로웠을까요? 석유가 다량 매장된 유전이 발견되면서 자동차나 비행기, 화물선이 발전하게 되고 그에 따라 석유의 소비도 증가하게 되었어요..

  화석 연료는 모두가 탄소 화합물인데, 태우는 과정에서 탄소와 산소가 결합해서 이산화탄소가 나옵니다. 바로 이 이산화탄소가 지금 지구를 덥히는 거고요.

> 화석 연료는 석유, 석탄, 천연가스를 이르지요. 탄소 화합물인 화석 연료는 탈 때 이산화탄소가 나와요. 이 이산화탄소가 지구 온도를 높이는 거예요.

4. 산업 혁명 이후 지구 온도는 몇 도나 올랐나요?

　증기 기관이 발명되면서 사람 손으로 하던 일을 기계가 대신하게 되었어요. 기계에 석탄을 넣고 태울 때 나오는 에너지로 물을 끓여 기계를 움직이게 되자 석탄 소비가 빠르게 증가했어요.

　이산화탄소는 화석 연료를 태울 때만 나오지 않아요. 화산이 폭발하거나 산불이 나서 나무가 탈 때도 나와요. 2019년부터 2020년까지 9개월 동안 계속된 호주 산불 때도 이산화탄소가 엄청나게 나왔어요. 우리가 숨을 쉴 때도 나오고요. 동식물이 썩을 때도 이산화탄소가 나옵니다. 그런데 가장 많이 나오는 것은 역시 화석 연료를 태울 때이지요.

　이산화탄소가 지구 온난화의 원인이 되는 것은 대기 중에 있을 때입니다. 산업 혁명 당시만 해도 대기 중 이산화탄소가 0.03%였는데 꾸준히 증가하여 0.04%가 되는 데 130년 정도 걸렸어요. 특히 2000년 이후에 탄소 배출량이 가파르게 증가했어요.

　여러분이 생각할 때는 고작 0.01% 증가했다고 하니 별거 아닌 거 같지요? 이산화탄소가 0.01% 증가하는 동안 지구 기온은 얼마나 올

1만 년 동안 5도가 올랐어요. 2,000년에 1도씩 오른 셈이지요. 그런데 산업 혁명 이후 고작 130여 년 만에 1도 이상 올랐어요. 21세기가 끝날 때쯤엔 온도가 얼마나 오를지 예측할 수 없어요.

랐을까요? 대략 1.1도 올랐어요. 한 10도쯤 오른 줄 알았더니 별로 안 올랐다고요?

우리 인류가 정착 생활을 하고 농사를 짓기 시작한 게 지금으로부터 약 1만 2,000년 전입니다. 마지막 빙하기 이후로 기온이 오르기 시작했는데, 따뜻해서 사람이 농사를 짓고 살기 적당한 온도로 오르기까지 1만 년 정도 걸렸어요. 그때 온도가 5도 올랐어요. 1만 년에 5도면 2,000년에 1도씩 오른 셈이지요? 이게 자연스런 현상이에요.

그런데 우리는 산업 혁명 이후 고작 130여 년 만에 1도 이상 올렸어요. 15배 이상 빠른 속도예요. 2018년 폭염으로 기온이 섭씨 40도 가까이 올랐을 때 숨을 쉬기가 힘들 정도였어요. 겨우 1도 올랐는데 벌어지는 일입니다.

이런 속도로 가다 보면 21세기가 끝날 때쯤엔 온도가 얼마나 오를지 예측할 수 없어요. 왜냐하면 이산화탄소 말고도 메탄이라는 온실가스가 또 있기 때문이에요.

지구 기온이 얼마나 오를지 과학자들도 추측만 할 뿐 단정 지어 말하지 못해요. 다만 과학자들이 예측하는 바로는 산업 혁명 이전에 비해 1.5도 이상 올라가면 지구에서 사람이 살기가 매우 힘들어진다고 합니다.

5. 어떤 나라들이 이산화탄소를 많이 배출하나요?

 세계 모든 나라가 이산화탄소(이하 탄소)를 똑같이 배출하진 않겠지요? 산업이 발전한 나라도 있고 그렇지 않은 나라도 있으니까요. 여러분이 짐작하듯이 산업이 발전한 나라에서 탄소를 많이 배출하는 건 사실이에요. 하지만 탄소 배출을 줄이려는 노력에 따라 다를 수 있어요.

 현재 전 세계에서 탄소를 가장 많이 배출하는 나라는 중국입니다. 전 세계의 탄소 배출량 가운데 27%를 중국이 차지하거든요. 중국은 최근 들어서 산업이 빠르게 성장하는 나라이기도 하고 인구가 14억 3,000만 명 이상으로 세계에서 가장 많아요. 뿐만 아니라 세계의 많은 공장이 중국에 있습니다. 왜 중국에 공장이 많을까요? 인구

세계에서 탄소를 가장 많이 배출하는 나라는 중국이에요. 중국은 산업이 빠르게 성장하기도 하지만, 인건비가 싸서 여러 나라의 공장이 중국에 몰려 있거든요. 우리나라도 세계에서 일곱 번째로 탄소를 많이 배출한답니다.

가 많으니까 공장에서 일할 노동자도 많고, 인건비도 잘사는 나라에 비하면 싸겠지요. 이런 이유들로 여러 나라의 공장이 중국에 자리 잡았고, 따라서 탄소 배출량이 많을 수밖에 없어요.

미국은 인구가 3억 3,000만 명이 조금 넘는데 전체 배출량의 15%로 두 번째로 탄소 배출이 많은 나라예요. 인구수 대비로 따지면 전 세계에서 가장 많이 배출하는 셈입니다. 그런데도 미국의 트럼프 대통령은 기후 변화가 사기라면서 탄소 배출을 줄이고자 전 세계 모든 나라가 2015년에 약속한 파리 기후 변화 협약을 탈퇴하겠다고 선언했어요.

뒤를 이어 탄소 배출량이 많은 나라는 인도, 러시아, 일본, 독일이고 대한민국이 7위입니다. 우리나라는 전체 배출량의 1.8%를 차지해요. 인구수에 비하면 탄소 배출량이 많은 편이지요.

반면 아프리카 대륙은 전 세계 배출량의 3.7%, 남아메리카는 전체 배출량의 3.2%, 오세아니아에 있는 나라들은 1.3%를 차지해요.

그런데 의문이 들지 않나요? 아프리카 대륙에서 배출하는 양이 미국의 4분의 1밖에 안 되는데, 아프리카에는 비가 내리지 않아 농사를 짓지 못해서 굶주리는 사람이 많으니까 말이지요. 이 문제는 뒤에서 살펴볼 거예요. 어쨌든 아프리카 사람들은 무척 억울할 것 같아요.

6. 지구가 뜨거워진다는데 왜 겨울은 여전히 춥나요?

미국의 트럼프 대통령이 기후 변화를 사기라고 주장하는 게 바로 이것 때문이에요. 지구가 뜨거워지면 겨울도 따뜻해야지 왜 더 춥냐고 목소리를 높이거든요. 미국과 캐나다, 유럽의 일부 지역은 겨울이 되면 혹한이 닥치고 폭설이 내려요. 예전보다 더 추워졌어요. 그러니 지구 온난화라는 건 거짓말이라는 말이지요.

지구의 기후를 좌우하는 세 가지를 꼽으면 해류와 빙하, 공기의 흐름입니다. 해류는 바닷물의 흐름이에요.

멕시코만의 따뜻한 바닷물을 대서양을 가로질러 대서양 북동쪽인 유럽으로 데려가는 해류가 있는데, 아열대 지역에서 올라가니까 따뜻해요. 이 해류의 영향을 받아서 우리나라보다 훨씬 북쪽에 있는 서유럽의 겨울이 춥지 않아요.

최근에 독일과 스페인, 그리스, 미국의 공동 연구팀은 이 대서양 해류의 흐름이 15%가량 줄었다는 연구 결과를 세계적인 과학 학술지 <네이처>에 발표했어요. 그 이유가 뭘까요? 그린란드 빙하가 녹으면서 흘러나오는 민물이 바다로 들어가면서 소금 농도가 옅어져서 물의 흐름을 방해한다는 거예요. 만약 대서양 해류가 북쪽으로 가지 못하면 유럽은 꽁꽁 얼어붙을지도 몰라요. 해류가 기후와 얼마나 관련이 깊은지 알겠지요?

또 기후에 큰 영향을 끼치는 게 빙하예요. 빙하의 흰색에 태양 빛이 반사해요. 그런데 빙하가 빠르게 녹으면서 반사하는 면적이 자꾸 줄어들어요. 북극 빙하가 30년 동안 절반가량 녹았어요. 게다가 빙하가 녹아 사라진 자리에 바다가 드러나요. 바다는 지구 열의 90%를 흡수하거든요. 따뜻해진 바닷물은 빙하를 더 빨리 녹여요.

지금 세계에서 기온이 가장 빠르게 오르는 곳이 북극이에요. 북극의 대기에는 찬 공기를 가두는 제트 기류가 형성됩니다. 그런데 북극의 여름이 너무 더우니까 제트 기류가 축 늘어져 아래 지방으로 내려와요. 그러다 겨울이 오면 축 늘어진 제트 기류 안쪽에 속한 나라들은 모두 한파와 폭설, 혹한에 시달려요. 그러니 기후 변화로 인해서 겨울이 더 추워지는 거예요.

공기의 흐름이 기후에 영향을 미치는 것은 물을 머금은 공기가 어

<u>멕시코만의 따뜻한 바닷물을 유럽으로 데려가는 대서양 해류 덕분에 유럽의 겨울이 춥지 않아요. 만약 빙하가 녹아 바다의 소금 농도가 옅어져서 대서양 해류의 흐름을 방해하면 유럽은 꽁꽁 얼어붙고 말 거예요.</u>

디로 가느냐에 따라 홍수나 가뭄, 한파가 발생할 수도 있기 때문이에요.

지구 환경 가운데 무엇 하나 연결되지 않은 게 없지요?

기후가 이런 여러 가지 요소로 바뀔 수 있다는 걸 모르고 트럼프 대통령이 저렇게 말하는 건 스스로 무식하다고 떠벌리는 거나 마찬가지예요. 여러분은 이 책을 읽으니까 그럴 리 없겠지만, 생각 같아서는 트럼프 대통령한테 이 책을 한 권 보내 주고 싶어요.

그런데 트럼프 대통령이 정말 몰라서 그러는 걸까요? 아마 아닐 거예요. 트럼프 대통령이 속한 미국 공화당은 석유 회사 사람들과 아주 가까워요. 그래서 기후 변화를 애써 외면하는 거예요.

<u>북극의 대기에 형성되는 제트 기류는 찬 공기를 가두는 역할을 해요. 북극의 기온이 오르면 이 제트 기류가 축 늘어져서 아래 지방으로 내려와요. 그러면 제트 기류 안쪽에 속한 나라들은 겨울에 한파와 폭설, 혹한에 시달리게 되지요.</u>

7. 기후가 변하면 안 되나요?

여러분 생각에는 어떨 것 같아요? 지구 역사를 살펴보면 기후는 늘 변해 왔어요.

문명이 이루어지기 이전에 인류가 살았던 시기를 지질학적으로 플라이스토세라고 하지요. 약 258만 년 전부터 1만 2천 년 전까지의 시기예요. 이 시기에 네 번의 빙하기와 세 번의 간빙기가 있었어요. 문제는 기후가 변하는 데 걸리는 시간이에요.

앞서 1만 년 동안 온도가 5도 올라가는 게 자연스런 현상인데 지금은 130년 만에 1도 이상 올랐다고 했잖아요. 이렇게 빠른 속도로 기후가 바뀌면 동식물이 적응할 시간이 없어요. 동식물이 적응하지 못하면 사라지게 되겠지요. 그러면 우리는 살 수 있을까요? 여러분도 아마 들어본 적이 있을 거예요. "꿀벌이 사라지면 인류도 4년 이내에 멸망할 것이다." 이 말의 뜻이 뭘까요?

우리가 먹는 식량의 3분의 1 정도는 곤충이 꽃가루를 옮겨 줘서 열매를 맺어요. 그리고 곤충 가운데 80~90%는 꿀벌이 그 역할을 해요. 꿀벌 하나만 놓고 봐도 우리가 받는 도움이 엄청나죠? 그런데 기후가 갑자기 변하면 꿀벌이 제대로 살 수 있을까요?

　모든 동식물은 환경에 맞춰서 살아왔기 때문에 환경이 서서히 변해야 적응할 수 있는 시간이 있고 또 그렇게 적응하며 살아남게 되는 거예요. 갑작스레 변하면 살아갈 수가 없어요.

　겨울이 너무 따뜻하니까 봄꽃들이 때 이르게 피어요. 그러다가 갑자기 한파가 닥치면 꽃들이 그대로 얼어서 떨어지죠. 꽃이 피고 꽃가루받이가 이루어져야 열매를 맺는데, 그러기 전에 꽃이 떨어져 버리면 열매를 맺을 수가 없잖아요.

　생태계가 이렇게 적응하지 못하면 우리는 어떻게 될까요? 무엇보다 가장 큰 문제는 식량일 거예요. 어느 누구도 먹지 않고는 살 수 없어요. 아무리 과학과 기술이 발달해도 결국 농사가 제대로 되지 않으면 살아갈 방법이 없는 거지요. 기후가 변하면 안 되는 게 아니라 급격히 변하면 안 되는 거예요.

<u>우리가 먹는 식량의 3분의 1은 곤충이 꽃가루받이를 해요. 그 곤충의 80~90%는 꿀벌이고요. 그래서 아인슈타인은 "꿀벌이 사라지면 인류도 4년 이내에 멸망할 것이다."라고 했지요. 기후가 변하더라도 동식물이 적응할 수 있게 서서히 변해야 해요.</u>

2

기후 변화 피해에는 어떤 게 있나요?

8. 시리아 아이인 쿠르디는
왜 터키 해안가로 떠밀려 왔나요?

그 뉴스를 알고 있었네요. 이런 관심 반가워요.

모르는 친구를 위해 짧게 설명할게요. 2015년 9월 3일 터키 해안가에 세 살 난 꼬마의 시신이 떠밀려 왔어요. 시리아에서 난민선을 타고 그리스로 가던 길에 배가 뒤집히면서 바다에 빠져 목숨을 잃었던 거죠. 이름은 쿠르디였어요. 다섯 살 쿠르디 형과 엄마도 목숨을 잃었고 아빠만 살았다고 해요. 해안가에 엎드린 채 떠밀려 온 쿠르디 사진이 인터넷에 올라오며 전 세계로 퍼졌어요. 난민들이 어떤 고통 속에 놓여 있는지 쿠르디를 통해 알려지게 되었던 거예요.

두 달 뒤에는 시리아 난민 소녀인 세나가 또 떠밀려 왔어요. 그렇다면 이들은 왜 시리아를 떠나서 그리스로 가려고 했을까요?

쿠르디와 세나의 나라 시리아는 전쟁이 계속되고 있어요. 그러니

> 1988년부터 2012년까지 중동 지역에 최악의 가뭄이 닥쳤어요. 이 때문에 시리아의 농업이 붕괴되고 말았지요. 농사를 지을 수 없게 된 농민들은 이곳저곳 떠도는 난민이 되었어요.

시리아에서는 도저히 살 수가 없어 목숨을 걸고 지중해를 건너 유럽으로 가려고 했던 거예요. 2015년 1월부터 8월까지 지중해를 건너 유럽으로 건너간 시리아, 나이지리아 등 난민은 35만 명이에요. 이 가운데 쿠르디나 세나처럼 중간에 숨진 사람은 2,600여 명쯤 된다고 해요.

시리아 내전이 일어난 지 9년이 되는데 2020년 3월까지 약 38만 명이 목숨을 잃었고, 시리아 인구의 절반이 넘는 1천100만 명 이상이 집을 잃고 떠돌게 됐어요.

　시리아 전쟁은 왜 시작되었을까요? 시리아와 레바논, 요르단 등 지중해 동부 중동 지역에 1988년부터 2012년까지 최악의 가뭄이 닥쳤어요. 이렇게 오래도록 가뭄이 이어지는 것은 굉장히 드문 일이라고 해요. 비가 내리지 않은 데다가 심각한 수준의 폭풍은 농사지을 흙을 다 날려 버렸어요. 농업이 붕괴하자 농민들은 도시로 몰려들었어요.

　그런 데다 시리아는 팔레스타인, 레바논, 이라크 등 이웃 나라들에서 모여든 난민들의 집합소가 되었어요. 그러면서 갈등과 혼란이 생기고 전쟁이 벌어졌어요. 내전인 거지요. 2011년에 시작된 내전으로 난민이 560만 명 이상 늘었어요.

　시리아가 위치한 곳은 과거에는 비옥한 초승달 지역이었어요. 그런 땅을 그동안 너무 혹사시켰고 기상 이변으로 비까지 내리지 않자 척박한 땅으로 바뀌었고, 농사를 지을 수 없는 농민들은 난민이 된 거지요.

　세계 경제 포럼에서 발간한 기후 위기 보고서는 기후 변화로 인한 식량 부족으로 먹을 걸 찾아 이동하는 난민이 발생할 가능성이 높다고 했어요. 그렇게 발생하는 기후 난민은 큰 사회 문제가 되겠지요.

9. 산불도 기후 변화 때문에 일어나나요?

코알라가 무슨 죄냥.

　모든 산불의 원인이 기후 변화 때문이라고 할 수는 없어요. 기후 변화 때문에 발생하는 산불도 있고, 개발하려고 일부러 일으키는 산불도 있고, 자연적으로 발생하는 산불도 있거든요.

　기후 변화로 발생하는 산불은 호주 산불이 대표적이에요. 호주는 계속된 가뭄으로 땅이 바싹 마른 상태였어요. 그런 상황에서 강풍이 부니까 나무들끼리 부딪치면서 마찰에 의해 불이 났던 거죠. 거기다 기온도 높았어요. 이런 조건이 산불이 확산되는 걸 도왔던 거예요. 코알라가 멸종 위기에 내몰릴 정도로 엄청난 산불이었어요. 집으로 불이 옮겨 붙어 몸만 겨우 빠져나온 이재민들을 보는 것도 마음 아팠고, 불에 탄 코알라와 캥거루를 보는 것도 무척 마음이 아팠어요. 호주의 숲을 태우면서 발생한 이산화탄소는 또다시 기후 변화의 원인이 됩니다. 바로 악순환이지요.

개발을 위해 일부러 불을 지르는 경우는 아마존 산불이 대표적이에요. 고기를 얻으려면 가축이 있어야겠죠? 가축을 기르려면 콩 등 사료가 있어야 하고요. 바로 그 사료를 얻으려고 숲에 불을 지릅니다. 2019년에 아마존에서 발생한 화재는 7만 3,000건이 넘었어요. 2018년 같은 기간에 비해 약 83%가 증가한 기록적인 숫자입니다. 아마존이 불타는 모습이 인공위성에 포착될 정도였고, 2,700km 떨어진 브라질 상파울루까지 연기가 날아갈 정도였으니 얼마나 넓은 면적을 태웠는지 짐작이 가지요?

인도네시아의 칼리만탄에서는 팜유 농장을 지으려고 오래된 숲에 불을 지릅니다. 나무가 타면서 발생하는 이산화탄소로 지구는 더 뜨거워지겠지요.

2019년에는 남한 면적의 3분의 1에 해당하는 숲을 태운 시베리아 산불도 있었어요. 북극의 온도가 올라가니까 겨울에도 기온이 높아졌어요. 그러다 보니까 평소보다 눈이 빨리 녹으면서 땅이 메말라 산불이 더 커졌다고 해요. 특히 시베리아에는 영구 동토층이 있어서 산불이 일어나지 않도록 관심을 기울여야 해요. 영구 동토층은 일 년 내내 녹지 않고 2년 이상 계속되는 얼음 지층을 말해요. 영구 동토층에 있는 메탄가스가 방출되면 지구 온난화의 속도가 훨씬 빨라질 수 있거든요.

나무는 탄소를 저장할 뿐만 아니라 대기 중의 탄소를 계속 흡수하는 역할을 해요. 그런데 이렇게 숲이 불타면 나무에 저장되어 있는 탄소가 공기 중으로 퍼져 나가게 되고, 탄소를 흡수하는 나무가 사라지니 대기 중 이산화탄소 양은 더 증가할 수밖에 없겠지요.

<u>산불의 원인에는 여러 가지가 있어요. 담배꽁초 등 사람이 부주의하여 일어나는 산불도 있고, 기후 변화 때문에 발생하는 산불도 있고, 개발을 위해 일부러 일으키는 산불도 있고, 자연적으로 발생하는 산불도 있어요. 어떠한 산불이든 이산화탄소가 발생하여 지구를 뜨겁게 달구어요.</u>

10. 아프리카 사람들은 왜 굶주리나요?

　먹을 게 없으니까 굶주리겠지요. 그럼 왜 먹을 게 없을까요? 농사가 제대로 안되기 때문이에요. 농사는 날씨와 깊은 관련이 있습니다. 물이 없으면 농사는 상상할 수도 없어요. 아프리카는 농업 의존도가 높아요. 그런데 농사짓는 데 필요한 물을 대는 관개 시설이 턱없이 부족해요. 탄자니아의 경우 농업이 국내 총생산(GDP)의 30%가량을 차지할 정도로 비중이 높은데, 전체 경작지 가운데 관개 시설을 갖춘 곳은 1%도 안 되거든요. 관개 시설을 마련하려면 돈이 들어요.

　아프리카 나라들 대부분은 오랜 시간 유럽 여러 나라의 식민지였어요. 유럽의 잘사는 나라들은 아프리카의 국경선을 자로 잰 것처럼 반듯하게 정했어요. 식민 지배를 쉽게 하려고 말이에요. 원래 같은 문화를 가진 부족끼리 살다가 여러 부족을 한데 묶어 나라를 정했으니 얼마나 갈등이 심했을까요? 아프리카 곳곳에서 내전이 끊이지 않는 데는 이런 이유도 있어요. 이렇게 정치가 불안정하니 나라 살림이 좋을 리 없지요. 돈이 없으니 관개 시설을 갖출 여력도 없고요. 그런 데다 기후 변화로 비마저 내리지 않아요. 가뭄이 계속되면서 농사가 점점 어려워져요. 에티오피아는 50년 만에 최악의 가뭄으로 농작물의 80%가 말라비틀어지는 일도 생겼어요. 씨앗을 뿌려도 비가 오지 않으니 수확할 게 없어요. 최근 몇 년 동안 곡식을 한 톨도 거두지 못한 농민도 많았다고 해요. 탄자니아, 짐바브웨, 소말리아, 수단, 케냐, 남아공 등 동남부 아프리카 대부분이 흉년으로 고통받고 있어요.

　사하라 사막 남쪽에 가로로 길게 드리워진 사헬이란 지역이 있어요. 사헬은 아랍어로 가장자리라는 뜻인데요. 과거 이곳은 유목민들이 초원이 자연스레 복구될 시간적인 여유를 가지며 가축을 길렀어요. 그러다 인구가 늘어나면서 지나친 방목과 경작을 하게 되었는데, 가뭄까지 겹치면서 황폐화되었어요. 1969~1974년과 1982~1984년에는 심각한 가뭄이 발생해 기아와 난민이 국제적인 문제가 되기도 했어요. 가뭄은 사람뿐만 아니라 가축과 초목의 생명까지 앗아 갔고 이로 인해 오랫동안 경제와 환경에 큰 위기를 가져다줬어요. 가뭄의 원인은 이상 기후와 과거 식민지 시절 지나친 개발 때문이라고 해요. 그런데 사하라 사막이 처음부터 사막은 아니었대요. 아주 오래전 초기 인류는 아프리카에서 시작되어 중동, 아시아, 유럽으로 이동했어요. 12만 년 전, 5만 년 전, 그리고 인류가 농사를 짓기 시작한 1만 년쯤 전에는 사하라 지역도 습기가 많고 나무가 많이 자랐다고 해요. 그러다가 건조해지면서 사람들이 그곳을 떠났다고 하거든요. 건조해진 이유가 대서양 해류의 흐름 때문이라는 과학자들의 연구 결과가 나왔어요. 결국 기후가 환경에 끼치는 영향이 얼마나 중요한지 알 수 있지요.

아프리카 사람들이 탄소는 아주 조금 배출하는데 이렇게 기후 변화의 피해는 가장 많이 받고 있어요. 그러니 탄소를 많이 배출하는 나라에서 굶주리는 사람들에게 책임감을 느껴야 하지 않을까요?

사하라 사막은 본디 습기가 많고 나무가
잘 자라는 지역이었어요. 그런데 기후 변화로
대서양 해류의 흐름이 바뀌면서 건조해져서
사막이 되었어요. 이처럼 기후가 환경에
끼치는 영향이 엄청나요.

11. 사막화가 뭐예요?

　일반적으로 연평균 강수량이 250mm 이하인 지역을 사막이라고 해요. 참고로 우리나라 연평균 강수량은 1,300mm입니다. 물이 부족한 사막은 식물이 자라기에 매우 열악하지만 오아시스 근처에서 대추야자나 밀 등을 재배해서 먹을 것을 얻어요.

　그런데 최근에 사막이 늘어나 환경 문제가 되고 있어요. 특히 아프리카의 사헬에서 사막화가 심각한 문제로 떠오르고 있습니다. 사막이 늘어나면서 숲이 줄어들고 토양이 황폐해져 동식물과 사람이 살 수 없는 환경이 되기 때문이에요. 사헬 지역은 연 강수량이 150mm 내외입니다.

　원래 사헬 지대는 초원 지역으로 유목을 하거나 소규모 농업을 하던 곳이었어요. 그런데 1960년대부터 메마른 땅으로 바뀌었고 그 범위도 점점 넓어지고 있어요. 인구가 증가한 데다 가축을 기르는 사람이 많아지면서 풀이 미처 자라기도 전에 가축이 뜯어 먹기 때문이에요. 풀이 없으면 바람에 흙이 다 날아갑니다. 농사를 지을 수 없는 땅으로 바뀌지요. 풀이 없으니 비가 와도 비를 담아 둘 데가 없어요. 안 그래도 물이 부족한 지역에 가뭄이 극심해지고 사막화가 계속 이루어집니다.

지난 50년간 65만km²의 땅이 사막으로 변했어요. 남한 면적의 여섯 배가 넘는 땅이 사막으로 변한 거예요. 아프리카뿐만 아니라 미국, 유럽, 호주, 중국, 몽골에서도 사막화가 이루어져요.

사막화는 사막이 아닌 땅이 사막으로 변하거나 사막이 주변 지역으로 넓어지는 현상을 이릅니다. 이렇게 사막 지역이 계속 넓어지자 유엔은 1992년 사막화 방지 협약을 체결합니다. 기후 변화 협약, 생물 다양성 협약과 함께 사막화 방지 협약은 유엔의 3대 협약입니다. 아프리카 사헬 지역처럼 심각한 가뭄과 사막화를 겪는 국가에 돈과 기술을 지원하기 위해서 만들어진 협약이에요. 우리나라는 1999년에 가입했어요.

특히 우리나라는 몽골의 고비 사막과 중국의 타클라마칸 사막에 관심이 많아요. 왜냐하면 이곳에서부터 황사가 시작되어 우리나라에 피해를 주기 때문이지요. 우리나라 환경 단체들은 몽골과 중국의 사막에 나무와 풀을 심으며 사막화를 방지하기 위해 노력하고 있어요.

12. 태풍이 왜 점점 강력해지나요?

　너구리, 타파, 매미, 곤파스, 루사. 이들의 공통점은 뭘까요? 그래요, 모두 우리나라에 왔던 태풍 이름이에요. 2019년 우리나라에는 태풍이 일곱 개나 영향을 끼쳤어요. 1904년 근대 기상 업무가 시작된 이래 가장 많이 온 거예요.

　태풍은 적도를 중심으로 위도 5~25도 사이 열대 지역의 바닷물 온도가 27℃가 넘으면 만들어져요. 바닷물 온도가 높아지는 봄부터 가을까지 이곳에서 바람들이 만나 위로 솟구쳐 오르면서 구름 덩어리를 만들어요. 그런데 지구가 자전하면서 이 구름 덩어리 속에서 우연히 소용돌이가 생기기도 해요. 이 소용돌이가 열대 바다 위에 있는 수증기를 빨아들여 몸집을 키우며 태풍이 됩니다.

　바닷물 온도가 높으면 수증기가 공급하는 에너지가 커지기 때문에 태풍도 점점 커져요. 태풍은 따뜻한 바다 위를 지나면서 세력이 커지고 차가운 바다나 육지를 지나면서 세력이 작아지기도 해요. 바다는 우리가 내보내는 열의 대부분을 흡수하니까 지구 기온이 올라갈수록 열을 흡수하는 바닷물 온도도 올라가요. 그러면 소용돌이가 빨아들이는 수증기가 많아지니까 태풍이 점점 강력해지는 거예요.

 최근 우리나라에는 가을 태풍이 많아졌어요. 원래 가을이 되면 바닷물 온도가 떨어져서 태풍이 한반도로 올라오기가 쉽지 않았거든요. 그런데 최근 들어서는 한반도 주변 해수면 온도가 높아져서 더 많은 수증기가 생기고 태풍이 힘을 잃지 않게 되었다고 해요.

 기상청에 따르면 우리나라 주변 해수면 온도가 1991년부터 20년 동안 약 0.8℃ 올랐대요. 그래서 가을에도 태풍이 자주 올라옵니다. 루사와 매미, 곤파스는 엄청난 피해를 입혔는데 모두 가을 태풍이었어요. 커다란 나무가 뿌리째 뽑혀 넘어갔고 아파트 베란다 창이 부서지기도 했어요.

 태풍은 지역에 따라 부르는 이름이 달라요. 우리나라를 포함한 아시아 지역에서는 태풍, 북대서양, 카리브해, 멕시코만 등에서는 허리케인, 인도양, 아라비아해, 뱅골만 등에서는 사이클론이라고 불러요. 호주에서는 윌리윌리라고 불렀는데 지금은 사이클론으로 불러요. 윌리윌리는 원주민 말로 '공포'라는 뜻이래요. 얼마나 무서우면 이런 이름을 붙였을까요?

 지금까지 가장 강력했던 태풍은 2013년 필리핀 타클로반을 강타한 슈퍼 태풍 하이옌인데, 최대 풍속이 시속 314km였어요. 당시 7,000여 명이 목숨을 잃었고 도시의 90%가 파괴되었어요. 아직도 복구가 다 되지 않았답니다.

13. 폭염으로 목숨을 잃을 수도 있나요?

물론입니다. 2018년 폭염을 여러분도 기억할지 모르겠네요. 그해 우리나라는 7월과 8월, 두 달 동안 폭염이 31.4일간 계속되었고, 열대야도 17.7일이나 있었어요. 폭염으로 인한 사망자가 48명, 온열 환자는 4,526명이나 발생했어요. 2018년은 전 세계에 폭염으로 인한 사망자가 많았는데, 인도와 파키스탄에서는 65명, 캐나다에서 74명, 이웃 나라 일본은 80명이나 되었어요.

2019년 우리나라는 2018년에 비해 좀 살 만하다 싶었는데, 유럽은 아프리카에서 사하라 열풍이 불어와 그해 여름도 굉장했어요. 프랑스에서 1,435명이 폭염으로 사망했는데, 이 가운데 75세 이상 노인이 974명이나 되었어요.

폭염의 가장 큰 피해자는 아무리 더워도 에어컨을 켤 수 없는 환경에 있는 사람들과 바깥에서 일을 해야 하는 사람들이에요. 폭염 속에서 폐지를 줍던 노인이 쓰러져 응급실에 실려 갔는데, 몸이 오븐에 들어갔다 나온 것과 같았다고 해요. 기후로 인한 피해는 약한 사람에게 먼저 다가온답니다.

지금까지 폭염으로 가장 피해가 컸던 때는 2003년으로, 유럽에서 7만 명가량이 목숨을 잃었어요. 그동안 유럽은 대체로 여름이 서늘한 편이어서 집에 에어컨이 필요 없었거든요. 폭염을 경험해 본 친구라면 알겠지만 기온이 높을 때는 숨을 쉬기조차 힘들잖아요. 당시 유럽에 닥친 폭염으로 가장 큰 피해를 당한 사람들은 혼자 사는 노인들이었어요. 이렇게 기후로 인한 피해는 노인이나 가난한 사람들이 가장 먼저 입게 됩니다.

하루 최고 기온이 33℃ 이상일 때를 폭염이라고 하고, 이런 상태가 이틀 이상 계속될 것으로 예상될 때 폭염 주의보를 내려요. 여름이면 스마트폰의 경보 알람이 울릴 때가 있잖아요. 정부에서 스마트폰으로 폭염 주의보를 알려 주는 거예요. 국가는 국민의 생명을 보호할 의무가 있거든요.

2020년 2월에 기상청이 〈이상 기후 보고서〉 10주년 특별판을 발간했어요. 이 보고서를 보면 기후 변화의 영향으로 폭염, 태풍 등 우리나라에 미치는 이상 기후 현상이 갈수록 뚜렷해져요.

1980년대에는 연평균 9.4일이던 폭염이 1990년대에는 10.9일, 2000년대에는 10일로 약간 줄다가 2010년에는 15.5일, 2018년에는 단 두 달 동안 31.4일로 빠르게 늘었어요. 폭염과 이상 고온은 21세기 들어서 심해졌는데, 특히 2016년 이후로는 해마다 여름이면 폭염이 기세를 떨쳐요.

14. 폭우로 도시가 물에 잠기기도 하나요?

 이탈리아의 베네치아는 해마다 도시가 폭우 때문에 물에 잠겨요. 2018년에는 도시의 75%가량이 물에 잠겼어요. 2019년에도 도시의 80% 이상이 물에 잠겼는데 산마르코 대성당도 잠겼어요.

 폭우로 인한 피해는 베네치아뿐만이 아니에요. 2019년 7월 스페인 북부에 갑자기 폭우가 쏟아져 고속도로가 붕괴되었어요. 몇 시간 동안 폭우가 내리면서 강둑을 무너뜨린 거예요. 그 밖에도 많은 나라가 기후 위기로 피해를 보고 있어요.

 2011년 서울에 기습적인 폭우가 쏟아졌어요. 한 시간 동안 100mm의 비가 내렸지요. 이 비로 서초동에 위치한 우면산이 무너지면서 산 아래에 있던 집을 덮쳐 인명 사고가 일어났고 광화문 도로가 물에 잠겼어요. 밤새 쏟아진 비로 도로와 전철 일부 구간이 물에 잠겨 출근하는 시민들이 불편을 겪었어요. 인명 피해도 많았고요. 이렇게 짧은 시간에 집중적으로 내리는 폭우는 예상치 못한 피해를 가져오지요.

 2018년 강원도 일부 지방에서는 폭염이 기승을 부리다가 갑자기 폭우가 내렸어요. 많은 건물과 도로가 물에 잠겼지요. 폭염이 이어지다가 별안간 폭우가 내리는 상황은 이제까지의 기후 패턴과 다른 모습이에요.

  일본에서는 2018년에 석 달 동안 내려야 할 비가 3일 동안 쏟아지면서 많은 인명 피해를 냈어요. 터키에서는 폭우와 산사태로 열차가 철길을 벗어나서 사망자 11명을 포함하여 100명이 넘는 사상자가 발생했어요. 태국에서는 유소년 축구팀 선수 12명과 코치 1명이 폭우로 동굴에 고립되는 사고가 있었어요. 다행히 17일 만에 극적으로 구조되었지만, 이렇듯 예상치 못한 폭우도 기후 변화의 피해 사례랍니다.

<u>이탈리아의 베네치아는 해마다 도시가 물에 잠겨요. 2019년에는 도시의 80%가 물에 잠겼어요. 베네치아뿐만 아니라 스페인, 일본, 터키 등 많은 나라들이 기후 위기로 피해를 입었어요. 우리나라도 폭우로 강원도 지역의 건물과 도로가 물에 잠긴 적이 있어요.</u>

15. 기후가 변하면 감염병도 자주 발생하나요?

2019년 12월 중국에서 발생한 코로나19가 2020년 들어 전 세계로 퍼지면서 엄청난 피해가 발생했어요. 수없이 많은 사람이 죽고 경제가 곤두박질쳐 온 세계가 혼란에 빠졌지요. 코로나19 이전에도 사스, 메르스 등 새로운 감염병이 꾸준히 나타났다 사라지기를 반복했어요. 왜 이럴까요?

감염병이 생기는 원인으로 몇 가지를 꼽아요. 일단 인구가 너무 많은 데다 인구 밀도가 높은 지역이 많아졌어요. 50년 전에는 전 세계 인구의 35%가 도시에 살았지만 오늘날에는 그 비율이 55%로 올라갔어요. 우리나라만 하더라도 전체 인구의 절반 이상이 서울과 수도권에 살아요. 사람이 많이 몰리는 곳으로 야생 동물도 같이 움직인다고 해요. 사람들이 버린 음식물로 살아가는 거지요.

감염병을 연구하는 전문가들에 따르면, 기후 변화로 산불, 가뭄 등이 자꾸 발생하니까 서식지를 잃은 야생 동물이 사람이 사는 곳이나 가축을 기르는 곳으로 이동한다고 해요. 그러면서 야생 동물에 서식하는 바이러스에 감염될 가능성이 더 높아지지요. 지난 80

년 동안 유행한 감염병들은 동물과 사람 사이에 감염되는 인수 공통 감염병이었고 그중에서 약 70%가 야생 동물에 의한 거라고 해요. 또 나라 간 이동이 자유로워지면서 지구상 어느 한군데서 발생한 질병은 순식간에 전 세계로 퍼지게 됩니다.

　기후와 관련한 감염병 이야기를 해 볼게요. 14세기부터 19세기 중반까지 소빙하기가 있었어요. 당시 소빙하기의 원인은 인간 활동이 아니라 태양 에너지의 변화와 화산 활동 때문이었어요. 특히 16세기 이후 화산이 자주 폭발하면서 태양 빛을 가리자 지구 기온이 내려갔어요. 기온이 내려가니까 농사가 안되겠지요. 흉작이 되니 먹고살 길을 찾아 농촌 인구가 도시로 몰려들었어요. 도시에 많은 사람이 모여 살다 보니까 위생에 문제가 생기고 감염병이 창궐했어요.

　14세기 유럽에서 발생한 흑사병은 2,500만 명, 당시 유럽 인구의 3분의 1 이상을 죽음으로 몰고 갔어요. 혹독한 날씨에 흉작이 이어지면서 감염병까지 창궐하자 사람들은 신이 노했다고 생각했어요. 그들은 원인을 과학적으로 찾은 게 아니라 유대인이 흑사병을 퍼뜨렸다며 그들을 화형에 처하는 마녀 사냥을 했어요. 많은 유대인이 죽임을 당했지만 상황은 전혀 나아지지 않았어요. 원인은 유대인이 아니라 소빙하기였으니까요.

　우리나라도 소빙하기 때 우박, 서리, 홍수, 태풍 등 온갖 자연재해가 닥쳤다고 해요. 전국 8도가 흉작이어서 굶주리는 사람들이 나라

곳곳을 떠돌아다니기 시작했어요. 제대로 못 먹으니 면역력이 낮아져 감염병이 창궐했고 사람이 많이 사는 곳을 중심으로 퍼지기 시작했어요. 100만 명가량이 죽었다고 해요. 이를 경신대기근(1670~1671년)이라 하는데, 임진왜란이나 병자호란 때보다 훨씬 많은 사망자를 냈어요.

2년에 걸친 기근은 나라를 휘청거리게 했어요. 단지 지구 기온이 1도 떨어졌을 뿐인데 말이에요.

최근 티베트고원이 빙하가 녹으면서 고세균이 드러나고 있다고 해요. 시베리아 동토층이 녹으면서 그 안에 갇혀 있던 탄저균이 새어 나와 순록이 떼죽음을 당한 사례도 있지요. 영구 동토층에 묻혀 있는 동물 사체 속의 어떤 세균이 나와 감염병을 일으킬지 우려스럽기만 해요.

기후와 감염병이 어떻게 관계가 있는지 이제 알았나요?

<u>기후 변화로 서식지를 잃은 야생 동물이</u>

<u>사람 사는 곳으로 이동하면서 바이러스에 감염될</u>

<u>가능성이 높아져요. 빙하가 녹으면 영구 동토층에</u>

<u>묻혀 있는 동물 사체의 세균과 메탄가스가 나와</u>

<u>어떤 감염병을 일으킬지 몰라요.</u>

3

기후가 왜 변하나요?

16. 육식을 하면 온실가스가 늘어난다고요?

　고기를 얻으려면 소나 돼지, 닭 등을 길러야 하지요? 소를 예로 들어 볼게요. 소를 풀밭에서 기르는 일은 굉장히 드물어졌어요. 많이 길러야 하기 때문에 주로 축사에서 기르지요. 소를 한곳에 잔뜩 몰아넣고 길러 많은 고기를 생산하는 게 마치 공장에서 물건을 찍어 내는 것 같다고 해서 공장식 축산이라고 해요. 그곳에서 소는 풀을 뜯는 대신 사료를 먹습니다. 소에게 먹일 사료를 얻기 위해 옥수수며 콩을 심어 가꾸어야 해요.

　지구상에는 소가 15억 마리쯤 있다고 합니다. 전 세계 인구를 다 합친 무게보다 무거워요. 이 많은 소를 먹이려면 사료가 대체 얼마나 많아야 할까요? 곡물 사료를 먹이니까 곡식을 심을 땅이 필요해요. 그래서 숲을 없앱니다. 불을 질러 없애기도 하고 벌목을 하기도 해요.

　여러분도 알다시피 숲은 이산화탄소를 흡수하지요. 기후 변화를 늦추려면 나무를 많이 심어야 하는데 고기를 얻기 위해 오히려 숲을 없애 버립니다. 가축을 기르는 데 필요한 땅은 지구에서 인간이

　사용할 수 있는 토지의 약 26%나 차지합니다.
　소는 위가 4개로 나뉘어 있어요. 한번 삼킨 먹이를 되새김하는데 숨을 쉬거나 트림을 할 때 위에서 만들어진 메탄가스가 나와요. 메탄가스는 이산화탄소보다 온실 효과가 최소한 20배가 넘습니다. 축산업이 배출하는 온실가스의 양은 지구 전체 온실가스 양의 15%를 차지하고요. 이는 전 세계 모든 자동차, 비행기, 기차, 배 등 운송 수단이 배출하는 온실가스를 다 합친 양과 맞먹는다고 해요.

또 육류를 생산할 때 물도 굉장히 많이 필요해요. 쇠고기 1kg을 생산하는 데 물 1만 5,400리터가 필요합니다.

인구가 가장 많은 중국에서 일 년에 1인당 육류를 소비하는 양이 1961년 약 4kg에서 2013년 62kg으로 늘었어요. 특히 돼지고기 생산량은 1960년대 초 이후로 30배 증가한 5,500만 톤이에요. 전 세계 돼지고기의 절반은 중국이 소비합니다. 이런 돼지고기를 얻기 위해 일 년에 콩을 1억 톤 수입하는데 이는 전 세계 콩 무역의 3분의 2를 차지해요. 콩을 수입하느라 배로 실어 나르면서 또 탄소를 배출하겠지요?

우리나라 1인당 육류 소비량은 2000년 31.9kg에서 2018년 53.9kg으로 20kg 이상 증가했어요.

육류를 얻기까지의 과정을 잠깐만 살펴봐도 얼마나 많은 탄소가 배출되는지 알겠지요? 그러니 기후 변화를 멈출 가장 쉽고 빠른 방법은 고기를 적게 먹는 거예요. 일주일에 단 하루만이라도 고기를 먹지 않고 지내 보는 건 어때요?

<u>축산업이 배출하는 온실가스의 양은 지구상의 모든 교통수단이 배출하는 온실가스를 다 합친 양과 맞먹어요. 우리가 아무리 전기를 아끼고 일회용품을 안 쓰고 대중교통을 이용해도 육식을 줄이지 않으면 기후 변화를 멈추지 못해요.</u>

17. 내 멋진 청바지가 탄소를 배출한다고요?

네, 우리가 입는 옷이 탄소를 배출해요. 그것도 아주 많이요.

요즘은 옷이 너무 싸고 흔해졌어요. 패스트 패션이라고 들어 보았나요? 유행이 빨리빨리 바뀌기 때문에 계절마다 옷을 사는 사람이 많아졌어요. 값이 비싸지 않아 옷을 사는 일이 부담스럽지 않으니까요. 유행 따라 한 철 입고 다시 안 입는 옷들이 옷장마다 꽉꽉 차 있지 않나요? 옷장에 두었지만 입지 않으면 버린 것과 마찬가지예요. 그러니 패스트 패션이라는 말 대신 일회용 옷이라고 해야 할 것 같아요. 내가 입고 싶은 옷을 취향 따라 입게 된 건 좋은 일이죠. 하지만 옷을 만드느라 환경이 급속히 나빠진다면 과연 좋다고만 할 수 있을까요?

청바지는 옷 중에서 대표로 이야기한 거예요. 옷을 생산하는 과정에 염색 등을 하느라 다양한 독성 화학 물질이 쓰여요. 옷에 붙은 라벨을 보면 알겠지만 우리가 입는 옷은 대부분 외국에서 만듭니다. 그러니 옷을 실어 나르는 과정에 에너지가 많이 쓰이지요.

많은 옷감을 '폴리에스테르'로 만들어요. '폴리'가 들어간 옷감은

원료가 석유입니다. 섬유 산업의 탄소 배출량이 연간 120억 톤이나 된다고 해요. 이는 국제선 비행기나 선박이 내뿜는 탄소를 합한 것보다 많은 양입니다.

옷을 만들 때 물 소비도 엄청나요. 염색을 해야 하니까요. 청바지를 한 벌 만드는 데 물이 7,000리터에서 1만 1,000리터가 필요합니다. 티셔츠 한 장에는 2,700리터가 필요하고요. 기후 변화로 물 부족에 시달리는 나라도 많은데, 옷을 만드는 데 물이 너무 많이 쓰이지요? 의류 산업에서 배출되는 탄소는 전체 산업 탄소 배출량의 8~10%를 차지합니다. 이렇게 많은 물을 쓰고 오염 물질과 탄소를 배출하면서 만든 옷을 오래 입지 않고 버리면 엄청난 낭비예요.

유엔 환경 계획에 따르면 의류 폐기물 재활용은 1%도 안 된다고 해요. 우리나라에서 버려지는 섬유는 2012년 186톤이었다가 2016년 284톤으로 늘었어요. 폴리에스테르 섬유는 500년 이상 썩지 않는 걸로 알려져 있어요. 태우면 발암 물질이 나오고요.

자, 그러면 어떻게 해야 할까요? 옷을 만드는 회사는 옷감을 재활용할 방법을 찾아야 하고, 우리는 옷을 수선해서 입는 방법을 고민해 보면 좋겠어요. 유행에 따르지 않고 가능하면 질 좋은 옷을 오래 입고 옷을 적게 사는 습관을 들이는 게 최선이 아닐까 싶어요. 중고 옷을 되살리는 녹색 가게에서 옷을 사는 것도 좋은 방법이에요.

18. 왜 스마트폰을 사용하면 기후 변화를 일으켜요?

 전기를 생산하는 발전소에서 기후 변화를 일으키는 탄소를 가장 많이 배출해요. 석탄을 연료로 하는 화력 발전소에서 나오는 이산화탄소 때문이지요. 우리나라의 경우 화력 발전소에서 만들어지는 전기가 전체 전기 가운데 66%쯤 된다고 해요.
 스마트폰은 전기로 충전해야 사용이 가능하니까 그것만 해도 이미 기후 변화와 관련이 있겠지요? 이는 스마트폰만이 아니라 전기를 사용하는 전자 제품이라면 모두 해당됩니다. 그럼에도 왜 스마트폰을 꼭 집어서 기후 변화를 이야기할까요?
 스마트폰으로 검색을 하든 메시지를 보내든 그 모든 일은 와이파이나 LTE 같은 네트워크에 연결이 되어야 가능합니다. 이렇게 네트워크를 총괄하는 곳이 데이터 센터인데, 데이터 센터의 서버는 24시간 쉬지 않고 작동해야 해요. 여러분이 메일, 카톡 등에 남긴 내용을 보관할 뿐만 아니라 유튜브 같은 동영상을 보내기 위해 데이터를 사용해야 해서 엄청난 에너지를 씁니다. 이때 엄청난 열이 발생합니다. 컴퓨터도 사용하면 열이 나기 때문에 열을 식혀 주는 팬이 붙어 있어요. 데이터 센터의 서버에서 발생하는 열을 식히는 데 들어가는 에너지가 전체 센터에서 소비되는 에너지의 40% 정도입니다. 데이터 센터가 지구 온난화를 부추긴다는 비난을 받을 만하지요?

구글이나 넷플릭스처럼 데이터에 기반을 두고 있는 기업들은 고민이 깊을 수밖에 없어요. 일단 들어가는 비용이 상당하니까요. 구글은 2009년 연중 기온이 낮은 북유럽의 핀란드에 데이터 센터를 열었어요. 열을 식히는 데 들어가는 에너지 비용을 줄이려고요.

2016년 전 세계 데이터 센터에서 소비한 전력은 영국이 1년 동안 사용한 전력량보다 많았어요.

영화를 즐기고 게임을 하고 뉴스를 보는 등 우리 생활에 즐거움과 편리함을 가져다준 스마트폰이 기후 변화의 원인이라니 좀 섬뜩하지 않나요?

넷플릭스로 영화를 30분 동안 보면 자동차를 타고 약 6.3km 이동하는 것만큼의 탄소를 배출한다고 해요. 구글에서 검색을 한 번 하는 데 탄소를 0.2g 배출한다고 구글 스스로 밝히기도 했어요(참고로 나무 한 그루가 저장하는 탄소는 250kg).

뿐만 아니라 스마트폰을 생산하는 데도 전력 소비가 상당합니다. 전 세계에서 2007년부터 10년 동안 스마트폰을 만드는 데 쓰인 전력은 968테라와트시였어요. 이것은 인도에서 1년 동안 사용한 전력량과 맞먹어요.

그런데 이렇게 많은 전력을 소비하며 만든 스마트폰을 너무 짧게 사용해요. 스마트폰 교체 주기가 세계 평균 2.7년이거든요. 새로 나오는 스마트폰은 크기가 점점 커지니까 사용할 때마다 더 많은 에너지를 소비하겠지요?

그렇다면 어떻게 해야 할까요? 스마트폰을 오래 쓰는 것도 탄소 배출을 줄이는 방법입니다. 스마트폰은 자칫하면 중독이 될 수도 있고 에너지도 많이 쓰니까 사용 시간을 조절하는 게 좋지 않을까요? 스마트폰이 고장 나서 바꿔야 한다면 중고를 사는 게 탄소 배출을 줄이는 데 도움이 됩니다. 여러분은 실천할 수 있을까요?

19. 아보카도 먹는 거랑 기후랑 무슨 상관이에요?

그저 과일을 먹었을 뿐인데? 이런 의문이 들면서 고개가 갸우뚱해지지요? 아보카도는 우리나라에서 나는 과일이 아니에요. 저 멀리 칠레나 멕시코에서 배로 실어 와요. 먼 거리를 이동하는 동안 연료를 소비해야 하지요. 이 대목에서 벌써 눈치 빠른 친구는 아, 기후와 관계가 있구나, 하고 생각할 거예요. 그런데 비단 이 문제만이 아니에요.

아보카도는 미국 〈타임〉지가 브로콜리, 귀리 등과 함께 세계 10대 슈퍼푸드로 선정하면서 전 세계적으로 엄청난 인기를 끌었어요. 몸에 좋은 음식이라니 너도나도 먹으려고 하지 않겠어요? 오죽하면 아보카도를 그린골드라고 불렀을까요? 많이 찾으니까 값이 오르고 돈이 된다는 뜻이거든요. 자연스럽게 소비가 증가하니 생산을 많이 해야 했죠. 공장에서 물건을 찍어 내는 것이 아니므로 아보카도는 열매가 맺을 때까지 시간도 필요하고 가꿀 땅도 필요하겠지요? 폭발적으로 증가하는 소비를 맞추려니 점점 많은 경작지가 필요했어요. 그 경작지는 바로 숲이었어요. 사람들은 숲을 없애고 아보카도를 심었어요.

사람들은 숲을 왜 쓸모없이 버려진 땅이라 생각하는 걸까요? 숲은 무엇보다 수많은 동물의 집이에요. 숲이 사라지면 탄소를 흡수할 곳도 사라져요. 또 물도 부족해집니다. 숲은 빗물을 저장하는 천연 댐

이에요.

　실제로 아보카도 농장이 많은 칠레의 한 지역에서는 15년 전까지 있었던 강이 흔적도 없이 사라졌다고 해요. 강이 사라지자 지역 주민들은 물 부족에 시달리게 되었어요. 칠레 정부가 물을 공급해 준다고는 하지만 언제든 마음대로 사용했던 때와는 비교할 수 없이 불편할 거예요.

　강이 사라진 이유는 숲을 없앤 데다가 아보카도 농장에서 물을 많이 쓰기 때문이기도 해요. 아보카도 농장에서는 0.01제곱킬로미터당 하루에 물이 10만 리터나 필요합니다. 10만 리터는 정수기 위에 꽂아 두는 생수통 5,300개 정도의 양이고, 그 지역 주민 1,000여 명이 하루에 쓰는 물의 양과 맞먹는다고 해요.

　아보카도뿐만 아니라 수입 과일은 모두 재배 지역에서 비슷한 문제를 일으켜요. 한 종류를 대량으로 재배하기 때문이에요. 과일을 실어 나르느라 또 탄소를 배출하는 건 말할 필요도 없겠지요.

　그러면 우리는 어떻게 해야 할까요? 가능하면 우리 땅에서 나는 제철 과일을 먹는 게 기후에 부담을 덜 주는 일이에요. 먹고 싶은 것도 맘대로 못 먹느냐고 항의할 친구도 있겠지만 어차피 우리는 먹고 싶은 걸 모두 다 먹을 순 없어요. 우리가 그걸 먹지 않아도 생명에 위협을 받지 않는다면, 우리가 그걸 먹지 않음으로써 생명에 위협을 받는 이들을 구하는 방법을 선택하는 게 어떨까요?

20. 음식물을 남기는 것도 기후에 영향을 주나요?

　먹을거리가 생산되고 만들어지는 과정을 이해하면 음식물을 남기는 일이 기후에 영향을 끼치는지 아닌지 알 수 있어요. 육식과 기후 사이의 관계는 이미 이야기했지요?

　오늘날 우리가 먹는 대부분의 채소와 과일은 제철과 관계없이 생산되고 있어요. 비닐하우스에서 재배하기 때문에 그런 거예요. 한겨울에 푸릇한 채소와 딸기를 먹을 수 있는 건 순전히 비닐하우스 덕분이에요. 비닐하우스에서 농사를 지으려면 에너지가 필요합니다.

　생산된 먹을거리를 도시로 실어 나르는 데에도 에너지가 필요하지요. 맛있는 음식으로 요리하는 데에도 에너지가 필요하고요. 또 가을에 거둔 과일을 겨우내 싱싱하게 보관하려면 저온 저장소가 필요합니다. 일정하게 서늘한 온도를 유지하려면 또 에너지가 필요하지요. 냉동식품도 많아졌어요. 냉동식품을 유통하고 보관하려면 역시 에너지가 듭니다.

　이렇게 우리가 먹는 음식을 생산하고 운반하고 조리하는 모든 과정에 에너지가 소비되지 않는 단계가 없어요. 그러니 음식을 먹는 것

은 에너지를 먹는 것과 마찬가지입니다.

　환경부에서 발표한 통계 조사에 따르면, 2017년 기준으로 한 해에 약 581만 톤의 음식물 쓰레기가 발생했어요. 하루 평균 약 1만 5,900톤의 음식물 쓰레기가 나오는데 음식물 쓰레기는 특성상 80% 정도가 수분이어서 폐수로 버려져요. 전체 음식물 쓰레기 중 20~40% 정도가 재활용되는데, 주로 퇴비나 사료로 쓰여요. 그런데 음식물 쓰레기를 폐수로 버리는 과정과 퇴비나 사료로 만드는 과정에도 에너지가 쓰입니다. 음식물을 생산하느라 에너지가 들어가고 음식물을 버리는 과정에도 또 에너지가 쓰이는 거예요.

　1인 가족이 늘고 외식이 늘면서 버려지는 음식물 양이 많아졌어요. 실제로 전 세계에서 생산되는 음식물 가운데 3분의 1은 먹지 않고 버려진다고 해요. 특히 마트나 백화점 등에서 판매하려면 모양이 온전하고 크기도 비슷해야 하는데 그러지 못한 식재료들은 아예 유통도 되지 못하고 버려집니다. 세계의 절반이 굶주리는데 말이에요. 부자 나라에서 버려지는 음식물 양이 연간 2억 2,200만 톤인데, 아프리카 사하라 남쪽에 위치한 나라 전체가 한 해에 생산하는 먹을거리는 2억 3,000만 톤이에요. 음식물이 버려지지 않고 부족한 나라에 나눈다면 세상에 굶주리는 사람은 없지 않을까요?

　그렇다면 어떻게 음식물이 버려지지 않도록 할 수 있을까요? 학교에서 급식할 때는 먹을 양만 가져옵니다. 외식할 때 먹지 않을 반찬은 미리 빼서 손대지 않도록 합니다. 맛있는 반찬을 더 달라고 하기 전에 식탁에 있는 반찬을 남김없이 먹습니다.

　이렇게 개개인이 실천하면 별거 아닌 것 같지만 나라 전체로 볼 때 음식물 쓰레기를 줄이는 방법이 될 수 있으니 굉장한 일 아닌가요?

21. 비행기를 타는 것도 기후 변화와 관계가 있나요?

그레타 툰베리에 대해 들어 봤나요. 스웨덴의 십 대 청소년인데, 전 세계 정치인들을 앞에 두고 기후 변화에 아무것도 하지 않는다고 호통을 쳤어요. 용감하죠?

툰베리는 초등학교 때 기후 변화에 관한 수업을 들은 뒤부터 기후 변화를 막을 방법을 생각했고 자신의 생활도 모조리 바꾸었어요. 열다섯 살이던 2018년 8월 스톡홀름 국회 의사당 앞에서 기후 위기를 알리려고 결석 시위를 시작했어요.

툰베리의 활동이 알려지면서 툰베리는 2019년 뉴욕에서 열리는 유엔 기후 행동 정상 회의에 초대받아 미국으로 가게 되었어요. 유럽에서 미국으로 가려면 대서양을 건너야 해요. 비행기를 타면 편하고 빨리 갈 수 있지만, 비행기는 운송 수단 중 탄소를 가장 많이 배출합니다. 툰베리는 미국까지 어떻게 갔을까요? 당연히 비행기를 타지 않는 방법을 선택했겠지요?

툰베리는 무동력 요트를 타고 2주일이 걸려서 뉴욕에 도착했어요. 화장실도 없는 아주 작은 요트에서 최소한의 전기는 요트에 설

▲ 벨기에 브뤼셀에서 기후 위기를 알리는 시위에 참여한 툰베리(맨 앞줄 가운데, 2019년 2월).

치한 태양광 패널에서 만들어 썼고요. 뉴욕에 내리자마자 툰베리는 "아직도 땅이 울렁거리는 것 같아요."라고 말했어요.

툰베리의 이런 행동이 알려지면서 스웨덴을 중심으로 유럽에서는 비행기 여행의 부끄러움을 알자는 '플뤼그스캄' 운동이 일기 시작했어요. 비행기 이용을 줄이자는 거지요.

비행기는 얼마나 많은 탄소를 배출할까요? 유럽 환경청 자료에 따르면, 승객 한 명이 1km 이동하는 데 배출하는 이산화탄소 양이 비행기는 285g, 자동차는 104g, 기차는 14g입니다. 비행기가 자동차의 2배, 기차의 20배나 탄소를 많이 배출하지요?

2015년에 전 세계 민간 항공기 운항으로 이산화탄소를 7억 8,100만 톤 배출했어요. 같은 기간에 인류 전체가 배출한 이산화탄소 양이 360억 톤 정도였으니 전체 온실가스의 2~3%가 비행기 운항에서 나왔어요. 그렇지만 비행기 여행은 계속 증가하고 있기 때문에 2050년이 되면 5%까지 늘어날 것이라고 해요.

항공사들은 탄소 배출을 줄일 방법을 고심하고 있어요. 비행기 무게를 줄이거나 비행기 날개 끝을 구부리면 연료 소비를 줄일 수 있다는 방법 등을 찾아내고 있긴 해요.

우리나라는 현재 비행기나 배를 타지 않고 외국으로 나갈 수 없어요. 하루빨리 통일이 되어서 기차로 유럽까지 가게 된다면 좋겠습니다.

해외여행을 무조건 가지 말라는 것이 아니라, 가능하면 중간에 갈아타지 않고 목적지로 곧장 가는 직항을 이용하면 탄소 배출을 줄일 수 있어요. 갈아타게 되면 이륙과 착륙을 반복하기 때문에 탄소를 더 많이 배출하거든요. 여행을 갈 때는 꼭 필요한 짐만 챙겨서 최대한 가볍게 하는 것도 연료 부담을 줄이는 방법이겠지요.

<u>비행기는 운송 수단 중 탄소를 가장 많이 배출해요. 해외여행을 갈 때 중간에 비행기를 갈아타지 않거나 꼭 필요한 짐만 챙겨서 가는 것도 탄소 배출을 줄이는 방법이에요.</u>

22. 인터넷 쇼핑을 하면 기후 위기에 도움이 되나요?

　언뜻 생각하면 그럴 것 같기도 해요. 자동차를 타지 않고 집에서 쇼핑을 하니까요.

　인터넷 쇼핑이 탄소 배출을 줄이고 기후 위기에 도움이 되는지는 탄소 발자국을 비교해 보면 알 수 있어요. 탄소 발자국은 원료를 지구에서 꺼내 무언가를 생산하고 운반하고 소비하고 버리는 것 등 온갖 인간 활동에서 배출하는 이산화탄소의 총량을 숫자로 표시한 거예요.

　탄소 발자국은 무게의 단위인 킬로그램 또는 우리가 심어야 하는 나무의 숫자로 표시합니다. 요즘은 포장지에 그 물건의 탄소 발자국을 표시한 제품들이 있어요. 예를 들어 감자칩 포장지에 탄소 발자국 70g이라고 표시되어 있어요. 이건 감자를 농사지어서 운반하여 감자칩을 만들고 가게로 배달한 다음 여러분이 먹고 나서 쓰레기를 버리는 과정까지 탄소가 총 70g 배출된다는 뜻이에요.

　자, 그러면 인터넷 쇼핑을 한번 살펴볼까요? 인터넷 쇼핑으로 태블릿 피시를 주문했어요. 인터넷 쇼핑몰 업체가 태블릿 피시 기업에 태블릿 피시를 배송하라고 요청하면 포장해서 여러분 집에 택배로 보내 주지요.

배달될 때는 태블릿 피시만 오지 않아요. 태블릿 피시를 담은 박스뿐만 아니라 혹시라도 파손되지 않도록 충전재로 잘 감싸서 옵니다. 그래서 인터넷 쇼핑을 할수록 쓰레기가 많이 생깁니다. 쓰레기를 버리는 것도 탄소 발자국을 남기지요.

인터넷 쇼핑은 클릭 한 번으로 물건을 살 수 있다는 편리함이 있긴 한데, 물건을 직접 보고 사는 게 아니기 때문에 막상 받아 보면 자기가 생각했던 거랑 달라서 반품할 수도 있어요. 그럴 경우 집으로 배달되는 과정이 거꾸로 다시 반복됩니다. 배달 증가는 교통량 증가, 석유 사용량 증가, 오염 물질 배출의 증가로 이어집니다.

제품 광고를 보다 보면 반드시 필요하지 않은 물건도 어쩐지 필요할 것 같은 생각이 들어서 사게 됩니다. 가게에서 물건을 산다면 가는 동안 고민하면서 꼭 필요한지 생각할 시간 여유가 있는데 인터넷 쇼핑은 그런 고민의 시간이 없어요. 인터넷 쇼핑을 하는 동안 전기 에너지를 쓰는 건 말할 것도 없고요.

소비는 곧 탄소 발자국을 남기는 일인데, 과연 인터넷 쇼핑이 기후 위기에 도움이 될까요?

4

평균 기온이 1.5도 이상 오르면 무슨 일이 생기나요?

23. 기후가 변하면 누가 가장 피해를 입나요?

　호주에서 산불이 났을 때 코알라가 가장 큰 피해를 입었어요. 왜 그랬을까요? 맞아요, 코알라는 행동이 빠르지 못하기 때문이에요. 빨리 움직일 수 없는 신체 구조 때문에 화재에 크게 희생되었어요.

　기후가 변한다는 것은 우리가 살아가는 환경이 변한다는 뜻이에요. 이렇게 변화하는 환경에 빨리 적응하면 살아남겠지요. 폭염이 닥쳤을 때 에어컨을 켜면 안전할 수 있어요. 홍수가 나도 사회 안전 시설이 잘 갖춰져 있다면 피해를 안 입거나 덜 입겠지요. 그런데 에어컨이 없거나 홍수가 나면 물에 잠기는 곳에 사는 사람들은 어떨까요? 당연히 피해를 입을 거예요.

　하루 벌어 하루 먹고사는 사람들에게 폭염에는 외출을 삼가라는 이야기는 당치 않아요. 그러니 가난한 사람들이 가장 많은 피해를 입을 수밖에 없어요. 전 세계적으로 봐도 가난한 나라가 기후 변화의 피해를 가장 많이 받아요. 그렇다고 잘사는 나라들은 피해가 없냐 하면 그렇지 않아요.

　2005년 허리케인 카트리나가 미국 뉴올리언스를 덮쳐 2,600여 명

이 사망하거나 실종되고 도시 전체가 물에 잠겼어요. 2012년 허리케인 샌디가 미국 뉴욕을 강타하면서 변전소가 폭발하고 많은 지역에 전기가 끊겼어요. 뉴욕 지하철은 물에 잠겼고요. 2020년 태풍 시에라가 몰고 온 강풍에 영국 등 유럽의 3만여 가구에 전기 공급이 끊겼어요. 도시에 전기가 끊기면 도시 기능이 마비되고 말아요. 기후 변화는 잘살고 못살고를 가리지 않지만 그럼에도 가난한 나라, 가난한 사람들부터 피해를 입습니다. 안전시설이 그만큼 부족하기 때문이에요.

 기후가 변하면 생물이 먼저 더 많은 피해를 입고 지구에서 사라져요. 기후가 서서히 변한다면 적응할 시간이 있겠지만 지금처럼 130여 년 만에 1도 이상 오르면 동식물이 적응하기 힘들어요. 한라산과 지리산에서 자라는 구상나무는 기후가 따뜻해지면서 말라 죽고 있어요. 겨울이 따뜻하니까 도롱뇽이 예정보다 일찍 부화했어요. 그러다 갑자기 추워지자 그만 얼어 죽고 말았어요. 기후가 뒤죽박죽이 돼 버려서 생긴 일이에요. 이런 걸 생태계 교란이라고 합니다.

 그동안 사라진 무수한 동물 뒤를 코알라가 따르는 거지요. 맨 마지막에는 누가 그 뒤를 따를까요? 이런 생각을 하면 끔찍하지 않나요? 기후가 예측할 수 없는 길로 들어서기 전에 우리는 한시바삐 탄소 배출을 줄이는 데 힘을 보태야 해요.

24. 1.5도 이상 오르면 사람도 멸종되나요?

먼저 1.5도의 의미를 알아야 해요. 왜 하필 1.5도일까요?

산업 혁명 이전보다 지구 평균 기온이 1도 넘게 올랐어요. 겨우 이 정도 오른 것만으로도 여러 기상 이변이 일어나고 있어요. 지금 당장 모든 탄소 배출을 멈춘다고 해도 기온은 오를 거예요. 대기 중에 있는 온실가스가 지구 기온을 오르게 할 테니까요.

2018년 인천 송도에서 기후 변화에 관한 정부 간 협의체(IPCC) 48차 총회가 열렸어요. 기후 변화에 관한 정부 간 협의체는 유엔의 전문 기관인 세계 기상 기구(WMO)와 유엔 환경 계획(UNEP)이 1988년 설립한 조직으로, 인간 활동으로 인한 기후 변화의 위험을 평가하고 관련 내용을 보고서로 작성하는 일을 하는 곳이에요. 이 회의에서 특별 보고서가 채택되었는데, 보고서 제목이 '지구 온난화 1.5도'입니다.

2015년 유엔 기후 변화 회의에서 세계 모든 나라가 파리 협약을 통과시켰는데, 그때는 지구 기온 상승을 산업 혁명 이전 대비 2도 이하로 하고 가능하면 1.5도로 제한하자고 합의했어요. 그런데 이젠

 1.5도 이상은 위험하다는 거죠. 2도일 때와 1.5도일 때 해수면 상승 속도와 높이가 달라지니까요. 지구 환경의 변화가 두 온도 사이에 큰 차이가 있기 때문이에요.
 이미 많은 동식물이 지구 환경의 여러 변화로 멸종됐거나 멸종 위기에 놓여 있어요. 자연과 인간은 밀접하게 연결되어 있기 때문에 동식물의 멸종은 곧 인간의 멸종으로 이어질 수 있어요.
 2019년 5월 호주 국립 기후 복원 센터에서 보고서를 하나 냈어요. 제목은 '실존적인 기후 관련 안보 위기 – 시나리오적 접근', 어려운 말인데 왠지 불안감이 확 느껴지지 않나요? 지구 환경이 달라질 걸 가

정해서 미래를 상상해 본 거예요.

기후 변화로 30년 뒤에는 인류에게 파멸이 닥치며, 전 세계 주요 도시는 생존이 불가능해진다는 게 이 보고서의 요점입니다. 전 세계 대도시들이 바닷가에 많이 있어요. 해수면이 상승하면 사람이 살 수 없는 곳이 많아질 거예요. 2050년이면 세계 인구는 100억이 넘을 거라고 예상하는데 기후 변화로 사람이 살 수 있는 땅은 줄어든대요. 그렇게 되면 살 곳을 잃은 많은 사람은 어디로 갈까요?

지구의 미래를 예측하는 입장은 크게 두 가지예요. 호주 보고서처럼 지구촌이 붕괴하고 인류는 멸망할 것이라는 비관적인 입장이 있고, 또 하나는 인간이 기후 위기를 잘 극복해서 실제로 위험은 크지 않을 것이라는 낙관적인 입장이 있어요. 설령 비관적인 입장이 너무 부풀린 예측이라고 해도 예방해서 나쁠 건 없지 않나요? 괜찮을 거라고 두 손 놓고 있다가 엄청난 재난을 맞닥뜨리는 것보다 낫지요. 그런데 이미 비관적인 일들이 세계 곳곳에서 벌어지고 있어요.

지구 기온이 어느 순간을 넘어서면 그때부터는 우리가 탄소를 배출하지 않아도 지구가 스스로 더워지는 때가 와요. 그렇게 되면 지구 기온은 걷잡을 수 없이 오를 거예요. 그러기 전에 지구 기온이 더 오르지 않도록 우리가 할 수 있는 것은 무엇이든 해야겠지요?

25. 기후 변화로 생기는 가장 큰 문제는 뭐예요?

여러분은 굶어 본 적 있나요? 앞으로 밥을 먹을 수 있을지 없을지 확실하지 않다면 무슨 생각이 들까요? 먹는다는 건 곧 살아 있다는 뜻이에요. 생명이 있는 한 누구도 먹지 않고는 살 수 없으니까요. 겨울잠을 자는 동물도 잠들기 전에 미리 먹어 두지요.

기후를 예측할 수 없게 되면 가장 문제가 되는 건 농사입니다. 비가 내려야 할 때 내리지 않고 내리지 않아야 할 때 폭우가 쏟아지면 농사를 망치게 되죠. 갑자기 한파가 닥쳐서 과일나무들이 얼어 죽기도 합니다. 그렇게 되면 과일을 못 먹거나 값이 오르겠지요?

아프리카의 많은 나라 사람들이 가뭄으로 기후 난민이 되었다고 앞에서 이야기했지요? 우리가 먹는 식품들이 가공 형태로 나온다 해도 원료는 모두 농사를 지어 얻습니다. 2018년 기준으로 우리나라 식량 자급률은 46.7% 정도예요. 나머지는 수입에 의존하고 있지요. 만약 우리가 식량을 수입하는 나라가 기후 이변으로 농사를 망쳐서 수출하지 못하겠다고 하면 우린 어떡해야 할까요? 아주 비싼 값에 들여오거나 아예 구하지 못할 거예요.

2010년 러시아에 가뭄이 닥쳐 밀 농사를 망쳤어요. 그래서 러시아가 밀을 수출하지 못하겠다고 하자 밀을 수입하던 아프리카 여러 나라에서 밀 가격이 폭등했어요. 그러면 가난한 사람들부터 사 먹을 수가 없어요. 그마저 바닥나면 돈이 아무리 많아도 결국 굶게 되고요.

먹고사는 문제가 해결되지 않자 아프리카 튀니지에서 혁명이 일어났어요. 재스민 혁명이라고 하지요. 튀니지를 시작으로 사정이 엇비슷한 아프리카 여러 나라에서 폭동이 일어났어요.

기후가 안정되면서 인류가 정착 생활을 하고 문명을 꽃피웠다는 사실을 떠올려 보아요. 먹고사는 문제는 모든 활동에 앞서는 중요한 일입니다.

기후 변화로 물이 부족해지는 것이 농사에는 치명적이에요. 물이 부족하면 결국 농사를 지을 수 없으니까요. 물 부족으로 고생하는 아프리카 사람들의 모습이 우리 미래가 아니라고 누가 장담할 수 있을까요? 기후 변화는 이렇게 상상 이상으로 우리 삶 아주 가까이에서 큰 영향을 끼칠 수 있답니다.

26. 해수면이 상승하면 우리나라도 물에 잠기나요?

우리나라 전체가 물에 잠기는 건 물론 아니에요. 해수면이 얼마나 상승하느냐에 따라 달라지겠지만, 바닷가에 있는 도시들은 물에 잠기거나 피해를 입을 수밖에 없어요.

최근 과학자들의 연구에 따르면, 지금처럼 온실가스를 줄이려고 노력하지 않으면 2100년쯤에는 해수면이 52~238센티미터 정도 상승할 것이라고 해요. 2100년이라고 하니까 한참 뒤의 일처럼 여겨지나요? 이 말의 뜻은 그때 가서 갑자기 해수면이 높아지는 게 아니라 꾸준히 높아진다는 의미예요. 어쩌면 더 빨리 더 많이 높아질 수도 있어요.

해수면이 1미터 상승하면 어떤 일이 일어날까요? 지금도 섬이 물에 잠긴다고 호소하는 투발루, 몰디브, 키리바시 공화국, 피지 같은 섬나라와, 바다와 육지의 높이가 비슷한 네덜란드, 방글라데시 같은 나라들은 굉장히 위험해질 거예요.

강물이 바다로 흘러 들어가는 어귀에 강물이 운반해 온 모래나 흙이 쌓여 넓은 땅이 되는데, 대개 삼각형 모양이라 삼각주라 불러요. 삼각주가 발달한 지역은 땅이 기름져 농사가 잘되므로 식량을 많이 생산하는 곡창 지대가 됩니다. 이집트의 나일강 삼각주, 미국의 미시시피강 삼각주, 브라질의 아마존강 삼각주, 중국의 황허강과 양쯔강 삼각주가 대표적이에요. 이런 곳부터 잠기겠지요. 우리나라도 낙동강과 영산강 하구가 큰 영향을 받게 될 겁니다.

 부산, 인천, 포항, 울산, 군산, 목포, 속초 등 많은 도시가 해안에 위치해 있어요. 해안가에 도시가 발달하게 된 까닭은 자동차와 철도가 발달하기 이전에는 배가 운송 수단이었기 때문이에요. 이런 곳들의 일부가 해수면 상승으로 물에 잠길 수 있습니다.

 해수면이 2미터 상승하면 어떤 일이 벌어질까요? 훨씬 심각해지겠지요? 유럽, 미국, 일본, 대만, 중국, 그리고 동남아시아의 해안에 있는 도시들은 거의 물에 잠길 가능성이 높아요. 우리나라는 부산의 해안 지역, 인천 송도, 김해, 군산, 장항 등이 물에 잠길 가능성이 높고요.

 그럼 어떻게 하느냐고요? 다른 곳으로 이사를 가야지요. 이런 걸 이주라고 해요. 이주를 하거나 바닷물이 들어오지 않도록 둑을 쌓을 수도 있겠지요. 그런데 비용도 많이 들지만 언제까지 바닷물을 둑으로 막을 수 있을까요? 더구나 가난한 나라에서는 엄두를 낼 수 없는 일입니다.

 이렇게 미래가 예측이 된다면 우리는 무엇을 할 수 있을까요? 탄소 배출을 줄여 해수면 상승이 최소화할 수 있도록 해야 하지 않을까요?

해수면이 1미터 상승하면 어떤 일이 일어날까요? 투발루, 몰디브 같은 섬나라와, 바다와 육지의 높이가 비슷한 네덜란드, 방글라데시 등이 위험해질 거예요. 삼각주가 물에 잠기고, 우리나라도 낙동강과 영산강 하구가 영향을 받을 거예요. 해수면이 2미터 상승하면 어떤 일이 벌어질까요? 세계 여러 나라의 해안에 있는 도시들과 우리나라의 부산 해안 지역, 인천 송도, 김해, 군산, 장항 등이 물에 잠길 가능성이 높아요.

27. 극지방의 빙하가 얼마나 남아 있나요?

 빙하가 녹아 북극곰이 위태롭다는 이야기, 많이 들었을 거예요. 북극곰은 기후 변화의 단골 모델이죠.

 극지방에 빙하가 얼마나 남아 있는지는 계절에 따라 달라요. 북극의 빙하 표면적(물체 겉면의 전체 면적)이 가장 좁아지는 시기는 9월입니다. 1980년에 대략 800만 km^2였던 북극의 빙하 표면적이 2012년에는 절반 이하로 감소했어요.

 더욱 심각한 것은 빙하의 부피가 줄어든다는 거예요. 빙하의 두께가 계속 얇아지거든요. 1980년 9월 북극의 빙하 부피는 약 1만 6,000 km^3였는데 2012년에는 3,200km^3로 5분의 1로 줄었어요. 이렇게 얇아지면 더 빨리 녹기 때문에 문제가 되지요. 우리가 사탕을 먹을 때 깨물어서 잘게 부수면 통째로 빨아 먹을 때보다 더 빨리 녹는 것과 같은 이치예요.

 10년 전만 해도 기후 과학자들은 북극 빙하가 21세기 말까지는 남아 있을 것으로 예측했지만 지금은 아무도 그런 이야기를 하지 않아요. 왜냐하면 2012년에 이미 2065년까지 남아 있어야 할 빙하 크기

에 도달했거든요. 50년 이상 빨리 녹고 있다는 얘기잖아요. 과학자들은 최근에 북극 빙하가 한 계절 동안 사라질 때가 곧 올 거라고 예측해요.

   빙하가 줄어들면 우리에게 어떤 영향을 줄까요? 북극 빙하가 이렇게 빨리 녹는 건 북극이 지구에서 가장 빠르게 온도가 올라가고 있기 때문이에요. 2019년 7월 한 달 동안 그린란드 빙하는 1,970억 톤이 녹아내렸습니다. 썰매를 끄는 개가 빙판이 아닌 물 위를 달리는 사진은 충격이었어요.

   북극 빙하가 녹은 찬 바닷물은 해류의 흐름에도 영향을 줍니다. 해류는 기후에 영향을 끼치고요. 적도에 있는 따뜻한 물이 위도가 높은 곳으로 올라가고 위도가 높은 곳에 있는 차가운 물이 아래로 내려오면서 섞여야 영국이나 북유럽 쪽이 겨울에도 춥지 않거든요. 빙하는 저 멀리 극지방에 있어서 우리가 볼 수 없지만 이렇게 우리 삶에 영향을 주어요.

   남극 빙하도 녹아요. 남극 빙하 밑에는 바다에 살면서 광합성을 하는 식물 플랑크톤이 살아요. 식물 플랑크톤은 크릴의 먹이입니다. 빙하 밑은 어린 크릴의 고향과도 같은 곳이에요. 크릴은 펭귄과 수염고래 등의 먹이예요. 펭귄이 살아야 도둑갈매기가 펭귄의 알이나 어린 펭귄을 먹으며 삽니다. 도둑갈매기가 눈 똥은 플랑크톤의 먹이가 되고요.

바다와 육지 생태계가 이렇게 순환하며 서로를 살리는데 빙하가 녹으니 얼음 바닥에 의지해 살아가는 식물 플랑크톤이 사라지고, 크릴의 먹이가 줄어들면서 크릴도 줄어들어요. 지난 40여 년간 남극 크릴의 무려 70%가 줄어들었고, 크릴만 먹고 사는 아델리펭귄은 지난 40년 동안 80%가 사라졌어요. 그런 데다 크릴 오일이 건강식품으로 소개가 되면서 사람들이 크릴 오일을 얻으려고 크릴을 마구 잡아들여요. 그러니 생태계가 깨질 수밖에요.

또 빙하가 녹으면 해수면이 상승합니다. 해수면 상승으로 잠기게 될 도시들은 앞서 설명했지요? 이러니 무엇 하나 따로 떨어져 있는 게 없어요.

그리고 이 모든 것은 우리가 소비하며 내보낸 온실가스에서 비롯되었어요. 소비를 줄이는 일은 펭귄을 살리는 일이고 북극곰을 살리는 일이며 결국 우리 인간이 지구에서 살아남는 길이기도 합니다.

<u>남극의 빙하가 녹으면서 플랑크톤이 줄어들고</u>
<u>크릴이 줄어들고 펭귄과 고래가 줄어들어요.</u>
<u>우리는 크릴 오일 없어도 굶어 죽지 않아요.</u>
<u>안 그래도 줄어드는 펭귄 밥과 고래 밥을 우리가</u>
<u>크릴 오일을 얻겠다고 크릴을 빼앗아야 할까요?</u>

28. 알래스카가 더워지면 무슨 일이 생기나요?

2019년 여름, 알래스카는 50년 만에 32도까지 오르는 폭염이 닥쳤어요. 알래스카라고 하면 얼음집인 이글루가 먼저 떠오르는데, 해수

욕을 즐기는 알래스카 사람들 모습을 뉴스에서 보았어요.

　알래스카는 북아메리카 최북단에 속해요. 알래스카의 항구 도시인 앵커리지의 여름 평균 기온은 18도 정도래요. 그래서 알래스카 사람들은 여름에도 외투를 입고 모자를 쓰고 지내는데 최근 이렇게 뜨거워진 여름을 맞은 거지요. 알래스카의 폭염은 북극해가 따뜻해지고 빙하가 녹으면서 비롯되었어요. 특히 영구 동토층이 녹으면서 땅이 꺼지는 싱크홀이 생겨 집이 기울어지기도 해요. 이렇게 되면 알래스카 사람들뿐만 아니라 야생 생물에게도 문제가 됩니다.

　알래스카와 시베리아 사이에 있는 베링 해협에는 퍼핀의 일종인 댕기바다오리가 살아요. 최근 이 오리 수천 마리가 죽은 채 알래스카 해안가로 떠밀려 왔어요. 바닷물이 따뜻해지면서 이들의 먹이인 물고기가 사라지는 바람에 굶어 죽었다고 해요.

　캐나다의 뱅크스섬은 북극해 연안에 있는데 이곳도 영구 동토층이 녹으면서 산사태가 빈번하게 일어나요. 1984년에만 60번 정도 산사태가 일어났는데, 30년 동안 이 지역에서 산사태가 약 60배나 증가했어요. 싱크홀처럼 지면이 내려앉으면서 근처에 있는 호수로 흙이 쓸려 들어가기도 했고요. 특히 여름 기온이 높았던 1998년과 21세기 들어서 집중적으로 발생했어요. 흙이 호수로 들어가면 호수 생태계에 영향을 주고 그 피해는 고스란히 주민들에게 돌아가요. 뿐만 아니라 영구 동토층에 갇혀 있던 메탄가스가 새어 나오면서 지구의 온실 효과가 빠르게 증가해요.

　역시 영구 동토층이 있는 시베리아 지역에서도 지름 90미터의 구덩이들이 발견되었어요. 러시아 과학자들이 현장 주변의 토양과 물을 분석해 보니 지구 온난화로 메탄가스가 빠져나오면서 싱크홀이 생겼다고 해요. 시베리아의 평균 온도가 지난 40년 동안 5도 가까이 오르면서 영구 동토층이 녹고 있어요. 메탄가스는 이산화탄소보다 온실 효과가 적어도 20배 이상 높다고 앞서 이야기했지요? 이렇게 되면 시베리아를 비롯한 북극권은 더 뜨거워지고 싱크홀은 더 많이 생길 테니 악순환이 이어지는 거예요.

<u>알래스카는 영구 동토층이 녹으면서 땅이 꺼지는 싱크홀이 생겨 집이 기울어져요. 베링 해협에서는 바닷물이 따뜻해지면서 물고기가 사라지는 바람에 댕기바다오리 수천 마리가 굶어 죽었어요. 캐나다의 뱅크스섬은 영구 동토층이 녹으면서 산사태가 빈번하게 일어나고 온실가스가 새어 나와요.</u>

29. 바닷속 산호초가 사라지면 어떤 피해가 생기나요?

산호초에는 다양한 바다 생물이 살고 있어요. 그래서 '바다의 열대우림', 또는 '바다 지킴이'라고 불립니다. 산호초의 면적은 바다 전체 면적의 0.1퍼센트밖에 안 되지만 바다 생물 3분의 1에게 보금자리와 먹을거리를 제공해 주어요. 바닷물고기 중 4분의 1은 어린 시절을 보낸 고향이 산호초예요.

이런 중요한 산호초가 우리가 배출한 이산화탄소 때문에 사라지고 있어요. IPCC가 발간한 '지구 온난화 1.5도 특별 보고서'에 따르면, 지구 평균 온도가 1.5도 상승하면 산호초의 70~90퍼센트가 사라질 거라고 해요. 이미 전 세계 산호초의 33퍼센트는 멸종 위기에 있어요. 세계에서 가장 큰 산호초 지대는 호주의 '그레이트배리어리프'인데, 2,300km 규모의 산호초 군락을 형성하고 있어요. 그런데 이곳의 산호초 절반 정도가 사라졌어요.

이산화탄소 뿐만 아니라 우리가 여름에 많이 바르는 자외선 차단제 때문에 산호초가 사라지기도 해요. 흔히 선크림이라고 하지요. 선크림 성분 가운데 자외선 차단율을 높이는 옥시벤존과 옥티노세

이트 등이 산호초에 나쁜 영향을 미쳐요. 이 때문에 하와이에서는 유해 화학 성분이 들어간 자외선 차단제를 하와이 해변에서 쓸 수 없도록 하는 '선크림 금지법'을 2021년부터 시행해요.

내 피부는 물론 산호초 보존까지 생각한다면 어떤 성분의 선크림을 발라야 할지 생각해 봐야 할 것 같아요. 여러분이 쓰는 선크림 제품이 산호초에게 해로운지를 살피려면 환경 단체에서 만든 사이트인 '시선.net'에서 확인할 수 있어요.

바닷물고기의 고향인 산호초가 사라지면 물고기들이 살 수 없게 돼요. 바다 생물이 사라지면 우리 역시 살 수 없게 됩니다.

<u>산호초에는 다양한 바다 생물이 살고 있어요.</u>
<u>바다 생물 3분의 1에게 보금자리와 먹을거리를</u>
<u>제공해 주어 '바다의 열대 우림', 또는</u>
<u>'바다 지킴이'라고 불려요. 그런데 전 세계</u>
<u>산호초의 33퍼센트는 멸종 위기에 있어요.</u>

5

기후 변화를 막으려면 어떻게 해야 하나요?

30. 전기를 쓰지 않고 원시인처럼 살아야 하나요?

전기를 많이 쓰면 이산화탄소가 많이 배출되고 기후 변화를 일으킨다고 하니까 그런 생각이 들던가요? 여러분은 원시인처럼 살 수 있나요? 원시인은 스스로 먹을 것을 구하고 동굴에서 살았어요. 그렇게 사는 일이 가능할까요? 전기를 아예 쓰지 말자는 게 아니라 적절한 양의 전기를 온실가스가 나오지 않는 방식으로 만들어 쓰자는 이야기예요.

우리가 사용하는 언어도 시대에 따라 새로 생겨나고 사라지는데, 최근에 생겨난 말 가운데 '프로슈머'가 있어요. 생산자라는 뜻의 영어 단어인 producer와 소비자라는 뜻의 consumer를 합친 말입니다. 전기를 만들어 쓰는 사람을 일컬어요.

기후 변화를 막으려면 이산화탄소 배출의 주범인 화력 발전소 대신 태양광 발전소와 풍력 발전소를 지어서 태양과 바람으로 생산한 전기를 쓰자는 거예요. 그 전에 지금처럼 풍족하게 쓰는 삶의 방식을 바꾸어야 해요. 너무 넓은 집에서 너무 많은 물건을 쓰는 건 아닌지, 겨울을 너무 따뜻하게 지내고 여름을 너무 시원하게 지내는 건

아닌지 살펴볼 필요가 있어요. 또 건물의 열이 바깥으로 새어 나가지 않도록 해야 해요. 자동차로 출퇴근하는 사람들을 줄이려면 대중교통이 지역 곳곳에 닿도록 설계하면 되겠지요. 가능하면 먼 거리를 이동하지 않고 가까운 곳에서 모든 일이 이루어질 수 있다면 더 좋겠고요.

독일의 프라이부르크는 독일의 생태 수도인데, 거기는 자동차를 타고 도심으로 들어가는 일이 만만치 않아요. 주차비가 엄청 비싸거든요. 땅이 넓어 먼 거리를 차로 다닐 수밖에 없는 사람들을 위해

도심 주변에 주차장을 많이 만들어 놓았어요. 독일 사람들은 그곳에 차를 대고 도심에는 트램(전차)을 타고 이동해요.

또 베힐레라는 작은 수로가 도심 곳곳에 있어요. 주변 숲에서 흐르는 물을 도심까지 끌어들였어요. 물이 흐르면 더운 공기를 식혀 주는 역할을 합니다. 가게에서 물청소를 할 때도 그 물을 써요. 건물마다 빗물이 흐르는 홈통이 있는데 그 수로로 연결되어요. 빗물이 하수도로 빠지지 않고 수로로 흘러들어 도시를 시원하게 해 주는 거예요. 어느 해인가 그곳을 방문했을 때 어떤 꼬마가 그 수로에 배를 띄우고 노는 모습을 보았어요. 자동차가 없는 거리에서 그런 풍경은 평화롭고 보기 좋았어요.

지금 세계는 2050년까지 '네트 제로(NET ZERO)'를 목표로 하고 있어요. 네트 제로는 탄소를 배출하고 흡수하는 양을 합쳤을 때 제로(0)인 상태가 되는 걸 뜻해요. 여러분이 탄소를 배출했다면 그걸 흡수할 만큼 나무를 심는 것도 한 방법입니다.

기후 변화를 늦추거나 막기 위해 우리 삶이 달라진다면 지금보다 훨씬 쾌적한 환경에서 살 수 있어요. 코로나19로 전 세계 많은 나라가 이동을 제한하고 활동을 멈추자 미세 먼지가 심했던 인도의 펀자브주에서 160km 떨어진 히말라야 산맥이 보였다고 해요. 탄소 배출을 줄이는 일도 가능하다는 것을 코로나19를 겪으며 알게 되었으면 해요.

31. 소비를 줄이면 기업이 힘들지 않나요?

　기업을 살리기 위해 지구에 있는 모든 자원을 다 털어 쓸 때까지 생산을 하는 게 맞을까요? 대량으로 생산하고 소비하는 방식을 바꾸지 않으면 인간은 지구에서 계속 살아갈 수 없어요. 이미 너무 많은 자원을 지구에서 꺼내 썼고 너무 많은 쓰레기를 지구에 남겨 놓았거든요.

　기후 변화의 원인을 인간이 제공했지만 그 문제를 해결할 수 있는 것도 오직 우리 인간입니다. 물건 소비는 거기서 그치지 않고 온갖 쓰레기를 만들어 내잖아요. 오염 물질도 만들어 내고요.

　그렇다면 기업이 다 사라져야 할까요? 그런 뜻은 아니에요. 환경이야 어떻게 되든 말든 돈만 버는 게 목적인 기업이 아니라 지구 생태계의 균형을 생각하고 쓰레기 발생을 줄이는 방법을 고민하는 기업이 많아지면 좋겠지요. 꼭 필요하지 않은 물건을 생산하기보다는 남은 물건을 어떻게 되살려 쓸 것인지 궁리하는 기업, 낡은 물건을 다시 사용할 수 있도록 연구하는 기업, 버려진 물건을 활용해서 새로운 제품으로 탄생시키는 방법을 궁리하는 기업이 많아지면 좋겠어요. 재생 에너지의 효율을 높이는 기술을 개발하는 기업도 환영하고요. 따뜻한 물을 한 번 쓰고 버리는 게 아니라 다시 에너지를 거두어서 쓸 수 있는 기술을 개발하면 좋을 것 같아요. 떨어진 것, 고장 난 것을 고치고 수선해서 물건을 오래도록 쓸 수 있는 기술을 개발하는 기업도 많아지면 좋겠어요.

32. 탄소 배출을 줄이려는 나라들은 어떤 노력을 하나요?

탄소 배출을 줄이기 위해 법을 바꾸려는 나라도 있어요. 발전소를 비롯하여 교통과 난방에 이르기까지 이산화탄소가 배출되는 모든 영역에서 탄소를 줄이기 위한 제도를 마련하려는 거지요. 그리고 기후 관련 기준을 맞추지 못한 수입품에 세금을 부과하는 탄소 국경세를 내도록 할 예정이라고 해요. 현재 유럽 연합에서 탄소 국경세를 준비하고 있어요.

탄소를 많이 배출하는 화석 에너지를 재생 에너지로 바꾸어 나가려 해요. 태양광이나 바람을 이용하는 재생 에너지는 날씨의 영향을 많이 받는데, 흐린 날이나 밤에는 배터리에 충전해 놓은 에너지를 쓴다든가 에너지가 남는 지역의 것을 가져다 쓰는 기술을 사용하고 있어요.

화석 연료를 에너지로 사용하는 자동차 생산을 중단하고 모두 전기차로 바꾸려는 정책을 내놓고 있어요. 미세 먼지 없는 깨끗한 대기를 유지하기 위해 오염 물질을 제거하는 노력도 하고 있고요.

이는 대체로 유럽 연합에서 준비하고 이미 실행에 옮기고 있는 정

기후 관련 기준을 맞추지 못한 수입품에 탄소 국경세를 내도록 하고, 화석 에너지를 재생 에너지로 바꾸고, 버려지는 물건을 되살려 쓰려고 노력해요. 바로 유럽 연합에서 준비하거나 이미 실행에 옮긴 정책들이에요.

책이기도 합니다. 그렇다면 우리나라는 어떤가요? 턱없이 부족합니다.

　다른 나라들은 없애려고 하는 석탄 화력 발전소를 여전히 짓고 있습니다. 여러분 집을 한번 둘러보아요. 전기 없이 사용 가능한 물건이 몇 개나 될까요? 거의 없을 거예요. 그 이유 가운데 하나가 우리나라 전기 요금이 경제 협력 개발 기구(OECD) 회원국 가운데 가장 싼 편에 속하기 때문이에요. 우리나라 탄소 배출량이 전 세계 7위라고 했지요? 탄소 배출을 줄이려면 화력 발전소에서 생산하는 전기 소비를 줄여야 하고, 그러려면 전기 요금이 다른 나라들과 비슷한 수준이 되어야 합니다. 그러면 형편이 어려운 사람들은 어떻게 하느냐고요? 그런 사람들은 각자 형편에 맞게 국가에서 따로 지원을 해야겠지요.

　지역 주민들끼리 협동조합을 만들어 풍력 발전기를 세우고 태양광 발전소를 세우는 것도 좋은 방법이에요. 지붕이나 벽면, 옥상 등에 태양광 패널을 설치해서 필요한 사람들이 전기를 생산해서 쓰는 거지요. 쓰고 남은 전기는 팔아서 이윤을 남길 수도 있어요. 유럽의 많은 나라가 이렇게 하면서 재생 에너지를 늘려 가고 있거든요.

33. 멸종 저항이 뭐예요?

 기후 과학자들은 인간이 지금처럼 이산화탄소를 계속 배출하면 조만간 지구에서 멸종될 거라고 이야기하곤 해요. 빠르게 녹아내리는 극지방의 빙하를 연구하고 점점 파괴력이 거세지는 태풍을 연구하는 과학자들은 우리가 뉴스로 전해 듣는 것보다 훨씬 위협적이고 심각하게 기후 위기를 느낄 거예요.

 지구는 복잡계입니다. 앞에서 빙하나 해류가 기후에 영향을 준다고 했지요? 그 밖에도 너무나 많은 요소가 서로 복잡하게 관계되어 있어서 영향을 주고받아요. 그래서 과학자들조차 기온 상승에 영향을 미치는 요소들을 다 예측하지 못해요. 영구 동토층에서 얼마나 많은 메탄가스가 나올지 예측하기도 어렵고요. 기온이 얼마나 올라가느냐에 따라 달라지니까요.

 또 지구는 일정 기준을 넘어서면 그때부터는 우리의 노력과 상관없이 지구 스스로 뜨거워질 거라고 해요.

 2018년부터 전 세계 수십 개 도시에서 '멸종 저항'이라는 단체가 생겨났어요. 이 단체의 목적은 인류의 멸종을 저항하겠다는 겁니다.

이들은 각 나라의 정부가 공식적인 '기후 비상 사태' 선언과 기후 변화를 해결하기 위해 당장 행동할 것을 요구해요. 또 기후 위기를 논의할 시민 의회를 구성하라고 해요.

 이들의 상징이 원 안에 모래시계가 그려져 있는 그림인데, 멸종 위기종인 우리 인간을 구할 시간이 점점 줄어들고 있다는 것을 뜻한다고 해요. 그들은 영국 국회 의사당으로 들어가는 문을 막아선 채 출근하는 국회의원들에게 탄소 배출을 줄이도록 법안을 만들라고 요구했어요. 영국 자연사 박물관 천장에 매달린 공룡 화석 아래 멸종 저항 단체 회원들이 죽은 듯이 누워 있는 퍼포먼스도 했어요. 그들이 전달하려는 메시지는 공룡은 소행성 충돌이라는 외부 요인으로 멸종했지만 우리는 스스로 멸종의 원인을 만들어 가는데 그걸 저항하겠다는 거예요. 멸종하지 않고 생존 가능하도록 사회 시스템을 바꾸면 된다는 거지요.

 출근길 도로를 막아선 채 시민들에게 기후 위기의 심각성을 알리다가 경찰에 잡혀가기도 해요. 미국의 유명한 배우인 제인 폰다는 미국에서 이러한 기후 시위를 하다가 경찰에 체포되기도 했어요.

 이렇게 길거리로 나와서 시위를 하는 까닭은 지금처럼 탄소를 배출하며 살다가는 인간이 조만간 멸종할 거라는 위기감 때문이에요. 2019년 멸종 저항 행동에 참여했다가 열한 번이나 경찰에 붙잡힌 필 킹스턴은 82세 할아버지예요. 이분은 과거에 보호 감찰관으로서 법을 잘 준수하는 시민이었어요. '기후 위기를 멈추기 위해 지금 당장 행동하라'고 외쳤다는 이유로 잡혀갔지요. 사진 기자가 따라와 할아버지에게 죄명이 무엇이냐고 묻자, '지구를 보호한 죄'라고 말했어요. 여러분은 이 할아버지의 행동에 동의하나요?

'멸종 저항'이라는 단체는 각 나라의 정부에 '기후 비상 사태'를 공식적으로 선언하고 기후 변화를 해결하기 위해 당장 행동에 나서라고 요구해요. 여러분은 '멸종 저항'을 어떻게 생각하나요?

34. 재활용이 기후 위기를 막아 주나요?

앞에서 기후 위기의 원인을 살펴보았듯이 탄소를 많이 배출하게 된 까닭은 결국 많이 생산하고 많이 쓰기 때문이에요. 물건을 많이 쓰고, 물건을 만드느라 에너지를 많이 쓰고, 물건을 사용하느라 에너지를 많이 쓰고요. 그리고 버려지는 것을 처리하느라 또 에너지를 씁니다.

그렇지만 버려진 것은 완전히 사라지지 않아요. 지구 어딘가에 남아 있어요. 특히 이산화탄소는 남아 있을 뿐만 아니라 지구 기온을 계속 높이지요. 그렇다고 물건을 생산하지 않을 수는 없잖아요. 어떻게 해야 할까요?

물건의 쓰임이 다하여 버려지는 것들을 되돌려서 다시 물건을 만들면 물건을 새로 만들 때보다 에너지가 훨씬 적게 듭니다. 그리고 재활용보다 재사용이 에너지가 훨씬 덜 듭니다.

한 생활 협동조합에서는 유리병 이어달리기를 하고 있어요. 다 쓴 유리병은 라벨을 제거하고 도로 가져다줍니다. 그러면 깨끗이 씻어서 그 유리병을 또 쓰는 거지요. 이걸 재사용이라고 해요. 유리병이

깨지지만 않는다면 몇 번이고 재사용이 가능해요.

  2017년 1월 1일부터 빈 병 보증금제를 시행하면서 맥주병이나 소주병 같은 술병 재사용률이 높아졌어요. 스마트폰을 새로 바꾸면서 전에 쓰던 스마트폰을 집에 모아 두는 사람이 많아요. 이건 더없는 낭비입니다. 스마트폰에 들어가는 20여 가지 광물을 모두 지구에서 캐내거든요. 그때부터 엄청난 에너지를 소비합니다.

  스마트폰 1톤에는 금 200~400그램이 들어 있어요. 금광석 1톤을 캐내서 얻을 수 있는 금은 겨우 5그램이에요. 그러니까 안 쓰는 스마트폰을 재활용하는 곳에 가져다주는 것도 탄소 배출을 줄이는 방법이겠지요?

  더 중요한 것은 물건을 오래 쓰는 거예요. 고장 나면 고쳐 써야 하고요. 고장 난 물건을 스스로 고치는 걸 연구하는 사람들도 생겨나고 있어요. 유럽에서는 스마트폰이 고장 났을 때 부품을 팔도록 하는 법이 통과되기도 했어요.

  기업에서도 새로운 제품을 생산하는 속도를 늦추고 고쳐 쓸 수 있고 튼튼하게 오래 쓸 수 있는 제품을 만든다면 탄소 배출을 줄이는 데 큰 도움이 되겠지요.

물건을 새로 만드는 것보다 버려지는

물건을 고쳐 쓰면 에너지가 훨씬 적게 들어요.

재활용보다 재사용이 더 중요하고요.

사소한 물건 하나라도 허투루 하지 않는 것,

그게 바로 탄소 배출을 줄이는 일이에요.

35. 우리는 기후 변화를 막아 낼 수 있을까요?

'막아 낼 수 있을까'라고 생각하기보다는 '막아 낼 거야!'라고 다짐하고 실천에 옮기면 막아 낼 수 있지 않을까요?

병에 걸렸을 때 원인을 모른다면 치료할 수 없지만 원인을 알고 치료 방법도 있다면 치료가 가능하잖아요. 우리는 이미 원인도 알고 치료법도 알아요. 단지 이런저런 핑계를 대며 하지 않을 뿐이에요.

그린란드는 얼음으로 덮인 커다란 섬이에요. 950년에서 1250년까지 중세 온난기가 있었어요. 이 시기에는 기온이 매우 따뜻해서 그린란드에서도 사람이 살 수 있었답니다. 그곳에 노르웨이에서 바이킹이 이주해 갑니다. 우리가 흔히 에스키모라고 부르는 이누이트도 그린란드로 이주해 가요.

바이킹은 그린란드에서도 노르웨이의 생활 습관을 유지하며 살았어요. 그러다 중세 온난기가 끝나고 1300년경부터 점점 추워졌어요. 소빙하기가 시작된 거예요. 그런데 바이킹족은 소빙하기에 대비해서 살아남을 방법을 생각하지 않고 온난기 때의 생활 습관을 유지했어요. 기후가 추워지는데도 양과 염소, 소 등을 길렀어요. 풀이 잘 자

라지 못하니 가축을 기르는 일이 점점 어려워졌겠지요. 집을 짓고 난방을 하느라 숲의 나무를 베어다 썼어요.

이누이트는 북극권에서 워낙 오랫동안 가혹한 삶을 살아왔기 때문에 자급자족하는 방법을 알고 있었어요. 누가 살아남았을까요? 여러분도 짐작하듯이 이누이트가 살아남았어요. 환경이 변하면 생활도 그에 맞춰 변해야 생존이 가능하다는 것을 두 부족의 삶에서 배웁니다.

인간은 자연의 변화에 적응하며 살아왔어요. 땅속에 있던 화석 연료를 꺼내 쓰며 날마다 지구 기온을 올리고 있어요. 인간이 지구 환경을 좌지우지하게 되었다고 해서 요즘을 인류세라고 부르기도 해요. 그렇지만 자연을 완전히 길들이지는 못했어요. 자연이 맞받아치기 시작했거든요. 엄청난 폭우와 폭설로, 엄청난 파괴력을 지닌 태풍으로 말이에요. 비를 뿌리지 않아 몇 달이고 숲이 불타기도 해요.

  자연의 반격 앞에 우리는 무엇을 해야 할까요? 지구를 괴롭힌 만큼 돌려받고 있다는 생각이 들어요. 더 늦기 전에 지금부터라도 자연에 대해 겸손한 마음을 가져야 해요. 적게 소비하고 덜 남기는 생활이 필요해요. 기후 위기의 심각성을 주변 사람들에게 알려 주어요. 어떻게 해야 하느냐고 묻는다면 이 책에 소개한 내용들을 알려 주세요.

  여러분은 이누이트의 생활 방식을 선택하여 살아남기를 원하나요, 바이킹처럼 환경이 변해도 늘 살던 방식만 고집하다가 멸종되길 원하나요?

에너지 절약 팁

에너지 하면 대개 전기를 생각하지만
우리의 모든 생활에 에너지가
쓰이지 않는 곳이 없어요.
생활 속에서 에너지를 절약할 수 있는
다양한 방법을 알아보아요.

전기를 아끼는 열 가지 방법

1. 사용하지 않는 전기 제품 플러그 뽑기
2. 여름철 실내 온도 27도 유지하기
3. 겨울철 실내 온도 20도 유지하고 내복 입기
4. 창틈 등으로 열이 새어 나가지 않도록 단열하기
5. 엘리베이터 대신 계단으로 걷기
6. 빨래는 모아서 하기
7. 자기 전이나 외출하기 전에 인터넷 공유기 끄기
8. 에너지 등급이 높은 전자 제품 구입하기
9. 에어컨 필터를 주기적으로 청소하기
10. 에어컨 실외기에 볕이 들지 않도록 가리기

쓰레기를 남기지 않는 열 가지 방법

1. 포장이 많은 제품은 사지 않기
2. 소량으로 낱개 포장된 제품은 피하기
3. 빨대 없이 음료수 마시기
4. 내용물이 묻은 비닐은 설거지할 때 함께 씻어서 분리배출하기
5. 복합 재질로 되어 있는 물건은 모두 분리해서 내놓기
6. 빈 병은 내부를 깨끗이 헹궈서 내놓기
7. 종이 박스를 분리배출할 때 비닐 테이프 모두 제거하기
8. 신문지와 기타 종이류를 구분해서 배출하기
9. 가능하면 배달 음식을 먹지 말고 꼭 시켜야 할 때는 나무젓가락이나 플라스틱 숟가락은 가져오지 말라고 하기
10. 물건을 사기 전에 꼭 필요한지 세 번 생각하기

그 외

1. 스마트폰은 가능하면 새 제품 사지 말고 고쳐 쓰거나 중고폰 쓰기. 스마트폰 사용 시간을 정해 두기
2. 유행 따라 옷을 사지 않기. 꼭 필요한 옷은 녹색가게나 알뜰 장터에서 구입하기
3. 합성 섬유보다는 천연 섬유 옷 입기
4. 가능하면 비행기 여행을 줄이기. 비행기를 꼭 타야 할 때는 짐을 최소화하기
5. 가능하면 수입품 대신 우리나라에서 생산한 물건 사용하기
6. 가까운 거리 자전거로 이동하기
7. 가능하면 내 지역 혹은 내 지역 가까운 곳에서 생산한 제철 채소, 제철 과일 먹기
8. 휴지 대신 손수건 가지고 다니기
9. 일회용 컵 대신 텀블러 사용하기 (음수대가 없는 곳은 설치 요구하기)
10. 일주일에 하루 고기 안 먹는 날 정하기

그리고 마지막 가장 중요한 한 가지!
건강한 녹색 시민이 되어 지구에 투표하기!